産経NF文庫
ノンフィクション

台湾を築いた明治の日本人

渡辺利夫

潮書房光人新社

文庫版のまえがき

本書が上梓された頃、いくつもの書評や関連記事が各紙誌に掲載された。共通して着目してくれたのが、最終章の「英米は台湾統治をどうみたか」である。私は本書執筆の途上、偶然にも一九〇四年九月二四日付の英紙『タイムズ』、翌日の米紙『ニューヨーク・タイムズ』の記事に出会い、一読、感窮まった。これを全訳、最終章にそのまま登載したという次第である。

欧米諸国の植民地統治は、イギリスによるインド支配、フランスによるアルジェリア支配などにあらわれるごとく、抑圧、収奪、搾取以外の何ものでもなかった。その政治的帰結が苛烈な植民地独立闘争という積年の反逆となってあらわれ、植民地本国は最終的には大きな政治的代償を支払うことによってその支配を打ち切らざるを得なかった。台湾についていえば、スペイン、次いでオランダ、そして清国自身が支配の手をここに延ばそうとしたものの、無残な失敗に終わった。日本の台湾統治のみがそれらの先例とは対照的に鮮やかな成功を収めたのだが、どうしてそうなったのか。

各紙誌の評者は、一世紀以上も昔の英米の新聞から立ち上る香気に満ちたこの論説に、私が初めて出会った時の感覚と同質のものを感得したのであろう。英米を代表するこの二つの新聞は、日本による台湾統治の不思議を不思議ではなく、事実に即して二万字の丹精込めた記事によって証したのである。

日本が台湾統治を開始したのは明治二八年（一八九五）であった。生まれて間もない幼弱な近代国家が、維新後わずか四半世紀にして戦った戦争が日清戦争である。この戦争での勝利によって清国から日本に割譲された「難治の島」が台湾であった。阿片吸引と熱帯病が蔓延し、秩序と規範をまるで欠いていたこの島に、日本は本気になって「文明」を吹き込んだ。日本自身が必死の形相で「文明開化」を進めながら、台湾の文明開化を同時並行的に進めたのである。論文のタイトルは「日本人によって劇的な変化を遂げた台湾という島　他の誰もが成し得なかったことを数年で達成した驚くべき成果　他の植民地国家に対する一つの教訓」である。この論説が書かれたのは、台湾が日本統治下に入ってわずか一〇年後のことであった。

世界の植民地経営史にその名を遺す数々の偉業を成し遂げた明治日本、明治とは何か、明治の日本人とは何ものであったかと私が問われるならば、それは「台湾を築いた明治の日本人」の中にあるといいつづけるであろう。

日本は少子高齢化、デフレ不況下の「失われた三〇年」、中国の台頭、新興国による追い上げに呻吟（しんぎん）し、コロナ禍に襲われて身動きの取れない状況にある。これらを克服するための策を見出すことが容易なはずはない。しかし、思い返したいのは、現在とは比べようのないほどに脆弱な国力しかなかった明治期の日本が、帝国主義勢力角逐（かくちく）の中でもちこたえ、なお台湾開発に打って出てこれに成功を収めたという事実であり、銘記したいのはその覇気の物語である。

令和三年　晩菊

渡辺利夫

はじめに

「私が一日休めば、日本の近代化は一日遅れるのです」

パリ留学中、夜を日に継ぐ猛勉強に体を壊しかねないと気遣う下宿の女主人が、ある朝、高熱でうなされながらなお大学に向かおうとする古市公威（ふるいちこうい）に、〝今日は一日休んだらどうか〟と声をかけたのだが、その際に古市の口から出た言葉だという。

古市とは、信濃川、阿賀野川などの河川工事の監督にあたり、明治期日本に河川・港湾工学の黎明（れいめい）を告げた人物である。西洋文明をいち早く吸収して独立不羈（ふき）の近代国家たらねば、日本は文明国の一員として生存できない。自分は、今、国費で賄（まかな）われ西洋文明吸収の最前線にいる。高熱など恐れているゆとりはない。強烈なエリート主義とナショナリズムを背負う明治の技術者の気概をこのエピソードは物語っているのであろう。

古市は、後に帝国大学工科大学（東京大学工学部の前身）初代学長となり、その門下生に広井勇を得た。広井は、北海の激しい風浪の小樽港に防波堤を構築したことで知られる技術者である。広井は、古市の後を襲って工科大学教授となり、「広井山脈」と呼ばれる多くの逸材を近代日本に供給しつづけた。

広井の門下生の青山士は、工科大学を卒業するやパナマ運河の建設に加わることを決意、単身、熱帯病の猖獗する建設現場に赴き人夫となり、力量を買われて測量技師になった。帰国後の青山に託されたのが信濃川大河津分水事業という世紀の難事業であった。竣工を記念して建てられた川沿いの碑には、

「人類ノ為メ　國ノ為メ」

と刻印されている。何としなやかにも美しい表現であろうか。

広井を師とし青山を先輩として畏敬する八田與一は、明治四三（一九一〇）年の工科大学卒業と同時に、迷うことなく未開のフロンティア・台湾に向けて出立、総督府土木部の技術者となった。

台湾の中央部には北回帰線が走る。回帰線の北側は亜熱帯、南側は熱帯モンスーン気候に属する。稲作適地は台湾南西部の嘉南平原である。しかし、一五万ヘクタールに及ぶこの平原は、八田が初めて訪れた頃はまったくの「看天田」であった。不作、凶作、豊作は天の采配次第で、人為ではどうにもならない。乾季には土壌が干上がり固まって鋤により耕起をし

ようにも歯が立たない。台湾には中央山脈と呼ばれる脊梁が南北に連なる。雨季の大量の水は、分水嶺から急峻な山地を流れ落ち、平原を奔流し氾濫して田畑を埋没させてしまう。嘉南平原の開発とは、雨季における水の制御、乾季における給水の確保、つまりは水利灌漑施設の整備に他ならない。

日露戦争（明治三七〜三八年）を眼前に控えた頃の内地の米不足は著しく、全国各地で米騒動が頻発した。総督府幹部はかねて聞き及んでいた八田の構想を実現するよう命じた。八田の構想は壮大であった。阿里山に源流を発する曽文渓の水系に烏山頭という場所がある。ここに堰堤（ダム）を構築、貯水した水を嘉南平原に流す。なお不足する貯水量を得るために烏山嶺に三〇〇〇メートルを超える隧道（トンネル）を掘削。ダムから放たれた水は、地球を半周するほどの総延長となり、あの荒涼たる平原が広大な緑の絨毯へと変じたのである。ダム構築方法、「三圃制」といわれる欧州中世の農法の平原への援用、ハード・ソフトの両面でみせた八田独自の構想の実現であった。起工から竣工まで十年余の粒粒辛苦の帰結であった。

粒粒辛苦といえば、「蓬莱米」の開発に、実に二〇年近い歳月をかけ、ついにこれに成功した人物に磯永吉がいる。磯が、東北帝国大学農科大学（北海道大学農学部の前身）を卒業、台湾総督府に赴いたのは、八田よりやや遅れて明治四五（一九一二）年であった。主食たる米の不足の解消という課題への挑戦であった。稲の品種改良とは、優れた特徴をもつ品種の雌蕊に別の優れた特徴をもつ品種の花粉を付着させて交配し、双方の優良な特徴をあわせもつ新品種を創出することである。人工交配というただひたすらに単調な仕事を重ね、ようやくにして手にできるほとんど僥倖というべきものである。

前方に曙光のみえない作業をつづけることほど、人間をひどい無力感に陥れるものはない。常人なら精根尽き果てるであろうが、磯永吉という人間の持ち前は根気であった。そして蓬萊米という単収が決定的に高い改良品種の創生にいたり、台湾はもとより日本本土の米不足解消にも貢献したのである。

八田も磯も明治一九（一八八六）年の出生である。いずれも帝国大学出身のエリートであり、技師であった。二人を衝き動かしていたものは、技師として全うすべき「職分」であったのに違いない。

明治一八（一八八五）年に陸軍大学校を卒業、明治一九年には陸軍騎兵大尉に任じられた秋山好古に、司馬遼太郎はこう語らせている。

「軍人というのは、おのれと兵を強くしていざ戦いの場合、この国家を敵国に勝たしめるのが職分だ」「それ以外のことは余事であり、余事というものを考えたりやったりすれば、思慮がその分だけ曇り、みだれる」

台湾統治にエリート技師としての職分を存分に果たした八田と磯という二人の日本人の中

に、私は明治の精神をのぞきみている。

磯の蓬莱米は、後にさらに改良を加えられて、強い人口圧力により零細な営農を長らく強いられてきたアジアの全域に導入され、深刻な食糧不足に悩むこの地域に「グリーンリボリューション」といわれる革命を引き起こした。この革命がなかったならば、アジアはなお北朝鮮のような飢餓状態をつづけてきたのであろう。

インドのパンジャーブ州の正視に堪えない酷薄の飢餓に深く心を痛め、磯と台湾国民政府の協力を得て蓬莱米をインドのこの地に持ち込み、辛酸を嘗めながらついにパンジャーブ州を飢餓から救出した一人の「忘れられた日本人」がいる。杉山龍丸である。

明治期日本の政治経済の多くの大事業の背後にいて政界と財界に隠然たる影響力を及ぼしつづけた「策士」杉山茂丸を祖父とし、怪奇小説で名を成した夢野久作を父として生まれた「昭和の明治人」が、杉山龍丸である。

この物語は、アジア「緑の革命」の基点をなす磯による画期的な米の改良品種「蓬莱米」の開発史を綴ることに始まり、龍丸のパンジャーブ州への蓬莱米の導入のプロセスを追い、蓬莱米を台湾に根付かせるために生死を賭してその造成に当たった八田の烏山頭ダム建設の苦闘のヒストリーを描く。

そして、台湾とは近代日本にとっていかなる存在であったのかに話を移す。第四代の台湾総督にして、後に満州軍総参謀長となり日露戦争において日本を勝利に導いた軍政家・児玉源太郎、児玉に同道して台湾近代化の基盤づくりのことごとくに総督府民政長官として偉大なる貢献をなした後藤新平、この二人の人物の思想と行動の中に、理性と豪気をあわせもつ明治日本の指導者の原像を探っていきたい。台湾に生きた明治日本人の精神史の発掘でもある。

台湾を築いた明治の日本人——目次

第一章　「台湾農業の父」は磯永吉

第二章
蓬萊米が起こした「緑の革命」

第三章

台湾というフロンティアの夢

第四章　困難に屈しない技術者たち

第五章
なぜ嘉南大圳は成功したのか

第六章　理性と豪気の児玉・後藤政治

最終章 英米は台湾統治をどうみたか

台湾を築いた明治の日本人

◆第一章

「台湾農業の父」は磯永吉

「蓬萊米を見届ける責任がある」

昭和二〇（一九四五）年八月、磯永吉の戦後は、台湾総督府の農業開発関連の日本人職員に対して、終戦の詔勅を奉読することから始まった。詔勅の一節を読み終えるごとに声涙下り、

「事態はかくなったが、生き延びて祖国日本の復興に力を注いでほしい」

その言葉が、かろうじて職員に伝わるだけであった。

台湾留用後の磯に残された仕事は、まずは職員の生活支援、引き揚げ準備、さらに総督府関連施設の資機材などの盗難防止、時には磯自身が夜警に立つなど、農業技術者とはまるで無縁の仕事で目のまわる忙しさだった。

部下の引き揚げが完了し、ほうと息を吐いているその頃、妻のたつがあっけなく病没した。東北帝国大学農科大学の師である新島善直の媒酌により札幌で結婚式をあげ、直後に台湾に赴任する磯とともにやってきて以来、たつは一度も日本に帰国することなく、磯の研究生活

を支えつづけた。磯の走り書きの原稿の浄書のすべては、妻たつによるものだった。

しかし、さすがのたつも、台湾在住の親しかった日本人が次々と内地に帰還するのをみて、四〇年以上も台湾にいたのだから、もう私たちも引き揚げましょうよ、と磯に懇請する。磯は、

「決まったことはやり遂げねばならないんだよ。時代が変わっても蓬莱米がどうなるか、私には見届ける責任があるんだ」

磯永吉（国立台湾大学ＨＰ）

そう説得にあたる。なおも帰国したいと涙声の妻に、
「それじゃあ、帰国ができるようになったらすぐに帰れるように、旅行鞄だけは用意しておくよ。二、三日のうちに新しい鞄を買ってくるから、それに必要なものを整理して入れておきなさい」
たつは期待を小さく胸に灯しながら、磯を送り出した後、玄関で倒れた。

同居している次女の百合子は、居間に布団を敷き、母を横たわらせ、父に電話、磯も急ぎ車で帰ってきた。医師がかけつけたものの、脳溢血で治療の手段はない、しばらくは様子をみるより他ない、という。二〇時間後に、虚ろな目を開いたたつは何かいいたげに、しきりに空を指差す。故郷の札幌の情景を思い浮かべていたのかもしれない。

磯は耳元でたつに囁く。

「先に死んでもいいんだよ。僕も、いずれ君のところにいくからね」

たつは再び目を閉じ、それから一週間、一度も覚醒することはなかった。磯は、棺の中に、使われることのなかった鞄をそっと入れた。

親しい日本人の多くが引き揚げ、すでに異国となってしまった台湾での葬儀は、まことに秘めやかだった。たつは、磯との結婚前は、札幌の北星女学校の教師をしていたクリスチャンだが、そんな形式にこだわる余裕は磯にはなかった。台湾の慣例にならってのごく簡単な葬儀だった。

一二年間にわたる台湾留用期間中、磯は蓬莱米の普及・拡大を求める中華民国政府の農業関係者の問いに答えて、時に各地方に出向き、すでに確立されていた指導方法を淡々と指導するという日々であった。

東北帝国大学に提出して受理された博士論文は、蓬莱米創生までをまとめたものであり、「嘉義晩二号」「台中六五号」などの一段と優れた蓬莱米創出にいたる経緯は含まれていない。博士論文を全面的に書き換え、一つの確立した育種学研究としてこれを後世に残さねばという磯の思いは強かった。台中農事試験場での実証研究の成果を、新たな職場として与えられた台北帝国大学農学部の「磯小屋」に運び入れ、その研究成果の英文執筆に没入した。後に、国連食糧農業機関（ＦＡＯ）の報告書として出版されることになる「米及びその他作物の亜熱帯地域における輪作」（*Rice and Crops in its Rotation in Subtropical Zones*）がその成果であった。

国民政府の支配下におかれた台湾でも、蓬莱米は貴重であった。磯の「蓬莱米の思い出」の中には、当時、台湾で歌われていた中華民国台湾省糧食局制作の「蓬莱米おいしいや」の歌詞が掲載されている。国民政府による日本統治時代の遺産のことごとくが消失破壊されてしまった状況下でも、国民政府の一部局がこの歌を制作して農民を鼓舞していたことを知るだけでも、磯に対する農民の敬愛には消しがたいものがあったことをうかがわせる。

一、揺れる光だ緑の風だ
　南風（みなみ）そよ吹きや豊かな穂波
　米は二度成る味は美味しく
　名さえ台湾蓬莱米
　蓬莱美味しいやよいお米

二、実る穂波だ黄金の色だ
乙女まじえて穂を刈り取る
籾(もみ)の木山に小鳥の歌に
名さえ台湾蓬萊米
蓬萊美味しいやよいお米

三、招く台湾お米の島だ
老ひも若きも豊年踊り
農民(たみ)は豊かに世紀を讃えて
星なじみの蓬萊米
蓬萊美味しいや宝米

きっかけとなった米騒動

往時の改良品種として、世界にその名を高からしめた台湾の高収量品種が「蓬萊米」である。この品種は、二〇年の働きづめの努力の果てについに掌中にできた成果である。

磯永吉が、現在の北海道大学農学部の前身、仙台の東北帝国大学農科大学を卒業、翌明治四五（一九一二）年の三月に台湾総督府の技手として台湾に渡った頃、台湾在来の稲の品種の総数は一一九七に及んでいたという。かつてはこれより多い品種が存在していたはずだが、長期にわたる農民の努力により不適切な品種は淘汰されて、この数にいたったのであろう。それでも一二〇〇に近い在来種の品種数である。台湾総督府の農事試験場種芸部に配属された磯が、台北農事試験場でまず手がけたのは、この一二〇〇ほどの在来種の中から、台湾の実情に見合う三九〇種の稲を「限定品種」として選別、次いでこれをさらに優良なものとして一七五種に限定するという仕事であった。

磯より二年はやく、明治四三（一九一〇）年に台湾に渡り、稲の品種改良に精力を傾けていた人物がいる。末永仁である。末永は平成二〇（二〇〇八）年に閉校した大分県立三重農業高校の前身、三重農学校を卒業、福岡県庁の農事試験場を経て、総督府嘉義農場に赴任、技手として働いていた。技手というのは、技師というもう一つ上の職位の下で働く技術者のことである。

末永が嘉義農場に着任した明治四三年というのは、台湾在来種の品種改良が総督府により本格的に開始された年であった。総督府は、日本国内の現在の農業高等学校に相当する甲種農学校の卒業生を募り、台湾全島で三〇〇人を増員、末永もその一人として嘉義に赴いた。

日清戦争（明治二七～二八年）を前後する頃から、日本は産業革命というに相応しい、都市部を中心とした工業発展の時代に踏み込んだ。生糸、綿花、造船、鉄、石炭などの生産が伸長し、これを支える労働力が農村から都市へと向けて流出した。食糧を供給する農村の労働力が減少する一方、都市住民の食料需要がにわかに増加し、日本の食糧不足は次第に深刻化していった。

明治二二（一八八九）年には凶作が起き、翌二三年には米価が暴騰、同年一月には富山で貧民による騒動が発生、四月から八月にかけて、鳥取、新潟、下関、高岡などでも不穏な情勢が広がりをみせた。佐渡相川では鉱夫二〇〇〇人が騒擾を起こし、軍隊が出動、これを鎮圧するという事態にまで及んだ。騒動はなおやまず、その後も福井、愛媛、宮城などにも飛び火した。

米不足による農村各地の政情不安は、明治三〇年代の中頃まで収まることはなかった。不運にも、この時期、風水害や病虫害が連続して発生した。長野、富山、山形、新潟などでの農民貧困の実情には、特に厳しいものがあった。実際、日清戦争の勃発した明治二七（一八九四）年を一〇〇とした米生産指数は、明治三〇（一八九七）年には九〇を切るまでになった。明治三六（一九〇三）年といえば、翌年の二月に「露国ニ対スル宣戦ノ詔勅」が発せられる直前である。この年の米生産指数は日清戦争の勃発年をなお下回っていた。不作、凶作により米供給が思うに任せない状況下で開戦はできない。開戦したとしても、米という最も重要な兵站が不足するのであれば、継戦は無理である。

明治三四（一九〇一）年一二月、山県有朋、西郷従道、井上馨、大山巌、松方正義の諸元老に、桂太郎、小村寿太郎、山本権兵衛などの新布陣を加えて開かれた元老会議において、日露戦争に備える日英同盟締結への意思が固まり、開戦への気運が昂揚した。明治三六年六月の御前会議を経て、明治三七（一九〇四）年二月一〇日の「宣戦ノ詔勅」となった。

軍需産業と雇用を支える重化学工業は、この間、格段に強化された。農村から都市への労働人口の流出は加速、膨れ上がる都市労働者、大規模に徴用される兵員への食糧確保が、解決を要する重要な政治的課題となった。日本国内の米生産だけで、一方的に増大するこの米需要を賄うことは不可能であった。

かくして、新たに割譲された台湾での米供給の拡大が不可欠の命題となった。住民の抵抗を力で抑えて台湾の治安を守ることに精力を注いだ、樺山資紀、桂太郎、乃木希典の三代にわたる軍政時代を経て、本格的な台湾開発が始まったのは、第四代の台湾総督として陸軍中将の児玉源太郎が赴任した頃からであった。総督就任は明治三一（一八九八）年二月、後に台湾総督府民政長官として台湾近代化に辣腕を振るう官僚政治家・後藤新平を同道しての赴任であった。

着任後、児玉は後藤に台湾全土にわたる土地調査、人口調査を徹底的に行わせ、みずからその経営を託された台湾の現状を調べ尽くした。これらの調査を経て、児玉は明治三四年一一月、総督府官邸に日本・台湾の有力者を招き、台湾の殖産興業についての大方針を訓示した。

台湾農業近代化を求める訓示

台湾の領有以来、耕地拡張、水利設備拡張、栽培面積拡大、品種改良、品種検査などが個別になされてきた。これらを個別で局所的な試行ではなく、台湾総督府による一元的なプロジェクトにするという大方針を、児玉は打ち出した。この訓示が台湾農業近代化の転機を画することになった。訓示はこういう。

「現今、本島に産する所の米を以て第一となす。然れ共、其の広闊なる水田は気候風土の天恵を有するに拘らず、水利未だ洽からざるが為、収穫する処はその地積の広きに似ず、尚甚だ少量にして品質又賤劣なり。是れ米作を以て農家の天賦なりと為せるに似ず、天恵を利するに拙なるものあるに帰するに非ずや。若し水利を通じ耕作を慎まばその穫る所をして現今所産の三倍ならしめんこと敢へて難しとせず。是において細民共に三餐に飽き、尚剰す所を以て之を海外に輸出するに於ては、蓋し貿易品の大宗たるを失はざるべし」

台湾における米の産出量いかんが、現在の最重要課題である。しかし、この広々とした水田は、天恵といっていいほどの気候風土に恵まれながら、水利がいまだ十分に整備されていないために、収穫量は土地面積に及ばず、米の質も劣悪である。これでは農家が米作を自らの天職と考えずに、授けられた天の恵みを捨て去っているに等しい。もし水利を整備し、耕作方法に誤りなければ、収穫量を現在の三倍にすることも難しいことではない。そうなれば、市井の人々は一日に三食を十分に摂ることができ、その上、余剰分を輸出することが可能となる。確かに、米は台湾の貿易品においてその中心を占めるべきである。

訓示を発した児玉の胸中に秘められていたのは、この大業を実現させねば、きたるべき日露戦争での勝利はおぼつかないという、悲壮な決意であった。

当時の台湾の米生産は島内需要を満たし、さらには海峡を隔てた福建省を中心に大陸に輸出されていた。移出先を日本に転じればよさそうにも思われるが、ことはそう簡単ではない。台湾の在来米は日本人の食生活にまったく合わないのである。生育不良で変色した「赤米」も多く含まれていた。何より在来種は、「インディカ種」といわれる、粒が長形で粘り気がなく、飯味が淡白なものであった。日本で伝統的に食されてきた内地米は「ジャポニカ種」と呼ばれ、粒は円(まる)く水分が多くて粘りが強く味が濃厚である。インディカ種の在来米を日本に移出しても、日本人の嗜好にまるで合わないために需要は少なく、「三等級」と呼ばれる低価格のものたらざるを得なかった。

末永仁の研究に魅せられる

大正期に入り、台湾における米の品種改良は熱を帯びていった。末永が嘉義農場の技手として赴任した明治四三（一九一〇）年は、総督府が米品種改良事業計画を発表した年であった。総督府は嘉義庁農会に対して、米粒の形が内地米に近い円型の優良種を選別、これを特定地域に限定して栽培を促し、限定品種の中から一段と優れたものを抜粋して品種の「純系化」を図るべし。さらに、純系種を各地で試作し、それらのうちから最優秀のものを選んで普及・拡大に努めるべし、との通達を出した。

この事業は相当の成果を収めた。事業開始前には一三六五種であった在来種米が、四八五種に絞り込まれた。米品種が統一化の方向に進み始めたのである。

しかし、末永にとっては、この成果はまだまだ道半ばであった。実際、在来種の普及が多少は進んでも、なお内地での不満には根強いものがあることをよく知っていた。末永は赴任間もない頃から、在来種の改良には限界があり、いずれは内地種を改良して台湾の地に根付かせることが、限界を突破する唯一の道だとずっと考えていた。

実際、嘉義庁農会技術員作品展覧会に出品された総数七二〇点のうち唯一の一等賞に選ばれた末永の論文は、「庁下米作改良ニ対スル卑見」であった。末永は嘉義農場で内地種の試作育成を種々試み、まだ改良すべき点が多々あるにしても、さらに努めれば可能性は在来種より内地種の方が高いことを堂々と主張し、総督府の在来種改良方針に異議を申し立てるという内容であった。

品種改良と一口にいうが、成功は容易ではない。先のみえない試行錯誤を無限に重ね、ようやくにして手にできる、ほとんど僥倖というべきものであろう。それがゆえにこそ、開発者には高い声望が与えられるのである。

繰り返すが稲の品種改良とは、優れた特徴をもつ品種の雌蕊に、別の優れた特徴をもつ品種の花粉を付着させて交配し、双方の優れた特徴をあわせもつ新品種を創り出すことである。

単位面積、例えば一ヘクタール当たりの収穫量のことを「単収」という。この単収が高いことが優良品種の第一の条件である。収穫前に稲が風によって倒伏してしまっては、高い単収は期待できない。そのために、稲の茎が太く草丈は短いものでなければならない。

また、稲の葉が直立して効率的な光合成を促すことも、高い単収を得るためには欠かせない。さらに、一株の稲の穂数が多く、より豊かな籾の収穫を可能にすることも重要である。その他にも、いもち病など病虫害への耐性が強いこと、何より米の味が消費者の嗜好によく合うことなど、改良品種が備えなければならない条件は実にさまざまである。

備えるべき条件の数は、実際には一〇ほどだといわれる。仮に一〇だとすれば、優に一〇〇〇を超える数の品種を人工交配によって育成し、この中から最適と思われるものに「限定」する。土壌条件や気象条件の異なる各地に見合うものを選んでさらに限定を繰り返す。しかも、栽培の成果を確認するためには、一期作ならば一年、二期作であっても少なくとも四カ月という時間を要する。品種改良に要する時間は、実に無限である。

品種改良は、固定観念を排したプラグマティズムでなければならない、末永はそう考えて改良努力を重ねていたのである。

プラグマティズムといえば、徹底的にこれを追究した人物が磯永吉である。末永の論文の内容は、総督府に近い台北の文武町の農事試験場に勤務していた磯にも伝えられた。台北の試験場で、磯は在来種の限定品種の選定、品種の改良に取り組んでいた。しかし、同時に、内地種を取り入れての改良努力をも重ねた。まだ定かならぬものの、内地種の優位性に磯も気づき始めていた。そのためであろう、磯は末永の研究業績に強く惹きつけられるものを直感した。

大正三（一九一四）年三月には第二回の技術員作品展覧会が開かれ、末永はここでも二つの論文によって、出品数三三五点のうちから再び一等賞を授与された。論文は「嘉義農場経営ノ実際」「嘉義庁農業政策ニ対スル卑見」であり、「内地種ハ庁下ニ適シ将来普及スベキモノト認ム」が両論文の結論であった。

第一回の受賞以来、二年間、さらに内地種の交配実験を反復しつづけ、第一回のものと同一の結論に達した。これが大いなる評価を得て、末永は嘉義庁農会の中核的技術者として名をなそうとしていた。

蓬莱米開発の苦闘

第二回の展覧会から一年後の大正四（一九一五）年、米作地としては台北より台中の方が優れていると考えていた磯は、勤務地を台中農事試験場に変えてくれるよう総督府に申し出て、願いが叶えられた。優秀な共同研究者として磯が白羽の矢を立てたのが末永である。磯の強い薦めにより末永は台中農事試験場の勤務となった。後に「蓬莱米の父」「蓬莱米の母」と呼ばれる実践的研究者たちのコラボレーションが、ここになったのである。磯はこの転勤を機に、技手から技師へと昇進、末永の上司となった。

台中は、明治末年に台湾総督府の都市計画によって建築された中西部の中核都市である。縦貫鉄道の台中駅は、バロック風の装飾を施された煉瓦づくりの重厚な建築物である。この駅を中心にいくつもの街路が放射状に広がり、街路に立ち並ぶ商店街も人々で賑わっていた。市街地には、川沿いに柳が植樹された緑川、柳川の清流が流れる。台中駅の東は練兵場、その隣には、質のいい水を市中に供給する水源地がある。揚水した水を自然流下法で流す端正な姿の施設である。台中農事試験場のオフィスは、台中の中でも最もよく整備されたこのあたりの新高町に位置していた。三〇人ほどが勤務していた。大屋根の試験場の事務所を末永は訪れ、磯と初めて話を交わした。

「嘉義農場から台中試験場に転勤してまいりました末永仁です。ご指導のほどよろしくお願いします」

型通りの挨拶をして、末永は頭を深く下げた。

「早速訪れてきてくれてありがとう。過日の二回目の作品展覧会の時には、私も末永君をみかけたんだが、声をかけずじまいで申し訳ありませんでした。しかしその後、改めてあの論文を読んだのですが、説得力がありますねえ」

「いやいや恐縮の限りです。まだやらなきゃならないことが山のようにあります」

まあお座りくださいといって、磯は末永をデスクの隣のソファに座らせる。末永は育種学に関する磯の理論的考察に関わるいくつもの論文を読んでおり、その理論に深い敬意を抱いていた。実際、磯は台湾に多くの農業技術者を送り出している東北帝国大学農科大学の中でも、稀にみる逸材だといわれていた。末永もそのことは知っていた。

磯はまだ三〇歳前だが、毛髪も薄くなり始めて、すでに老練な専門家のような風貌である。柔和な顔に笑みを絶やすことがない。末永はほっと息をつく。明治一九（一八八六）年生まれの自分と同年齢だとは思えない。

「末永君、二人で内地種の品種改良に、さらに積極的に取り組んでみましょうよ。総督府も在来種優先を方針としてはいますが、内地種の品種改良の試行を禁じているわけでもなさそうですしね」

そういって磯は、ソファテーブルの向こうから握手を求めてきた。握手などという礼の仕方を知らない末永は、上半身を磯に傾けるようにして差し出された手を握り返していた。

実際、台中農事試験場の圃場における末永の品種改良努力は、磯も舌を巻くほどの熱意に満ちたものだった。朝は五時に起床、妻クニのつくってくれた朝と昼の弁当をもち、四キロメートル以上離れた試験圃場に出かけ実験に精を出し、夜は七時か八時頃に帰り、朝刊をめくりながら夕飯を食べる。食べ終わるや、磯のところにその日その日の成果の報告に毎夜出かける。帰宅は深更に及ぶこともしばしばだった。日々の成果についてあれやこれやと話し合って、改良の可能性が少しでもみつかった日など、時間の経つのも忘れて議論に耽った。

「とにかく米のために生まれてきたようなものです。一日も休まずロクロク落ち着いて話したこともありません。田に入りびたりだからクツもほとんどはかないのです」

とクニは語っている。

しかし、農事試験場での仕事の中心は、あくまで総督府の方針にしたがっての在来種の品種改良である。試験場のスタッフの懸命の努力により在来種純系の原種を特定化し、これを人工交配しては圃場に移すという作業を気の遠くなるほどの回数で試みつづける。しかし、限界を突破することはできない。

同時に進行させていた、内地種に在来種を交配させる試みの方にも成果らしきものはみえない。一一〇種以上の交配種を生み出したが、内地種に近い形状の円形粒がどうしても育成できない。少しはこれに近いものが時に出現するものの、長くは持続しない。末永の暗中模索がつづく。

内地種の意外な伸び

内地種の品種改良が台湾でうまくいかないのは、結局のところ、台湾の土壌と気象条件が内地と異なるからかもしれない。そのためにさまざまな工夫を重ねても出穂が揃わず、病虫害にやられて、実験農場で全滅してしまうという惨憺たる結果に終わることもあった。ならば、内地種栽培に近似した土壌と気象条件の場所を台湾のどこかにみつけ、そこで内地種の育成を試みたらどうかと考えたことがあった。

磯は、台中農事試験場にやってくる以前は、台北農事試験場で勤務していた。この時期、総督府内で登山好きのスタッフを集めて台湾登山会を結成、内地の気候に近い高台を探し求めて、台北近くの大屯山、七星山、観音山、竹子湖などをみてまわったことがある。

竹子湖にやってきた時、磯はここが内地の九州の土壌・気象に非常によく似ていることに気づく。火山の爆発により、川が堰き止められて竹子湖ができたらしい。海抜六〇〇メートルで平地よりひんやりとしている。気温が低く、降雨量は十分、土壌は肥沃、しかも周辺をいくつもの山々で囲まれたこの土地は、他品種との自然交配が起こりにくい。病虫が他所から飛んでくることもまずない。

竹子湖のみならず、淡水、金包里、小基隆などの高台をも有力な適域として選び、台北農会の協力を得て、ここに九州から「中村」など数種類の内地米原種を導入してみた。農会とは、肥料、農薬などの共同購入、農産物販売、営農指導、信用供与、保険業などを担う日本の農業協同組合に相似(あいに)た農民組織である。試作希望者を募り、農会主導のもとで共同苗代、肥料投入、技術指導により内地種の普及・拡大を試みた。年一回の第一期作のみであったが、まずまずの成果を手にすることができた。

事実、最初は六九ヘクタールだった耕地面積も三〇〇ヘクタールに増えた。この成果に力を得て、台北農会は高台だけではなく平地でもこれを試みた。しかし、生育は不十分だった。やはり長期間にわたり温帯気候に「馴化(じゅんか)」してしまった内地種を台湾で栽培するのは無理だという風評が広がり、内地種の栽培面積をさらに拡大することはできなかった。

内地種の普及・拡大はだめかと思いかけていた頃、竹子湖で栽培された内地種が、収穫量はさして多くはなかったが、形も味も内地種とほとんど変わらず、台湾内の日本人の間では相当高い価格で売買されていることがわかった。「純系固定」されたわけではないから、リスクはまだまだ大きい。しかし、やってみる価値はある。そう考えて、冒険的ではあるものの、内地種を栽培しようという篤農家を募り、試作をさせたことがあった。

気象条件に恵まれたがゆえであろう、台湾での栽培は難しいと考えられていた内地種が、意外な伸びをみせたのである。栽培は、高台地からさらに台北、新竹(しんちく)、台中に及んで、平地栽培熱がにわかに盛り上がっていった。内地種栽培がリスク覚悟の篤農家の手に担われ、これが竹子湖に始まり台中などの平地に広がった。磯は驚きを隠せなかった。

磯の『蓬莱米談話』には、次のようなエピソードが描かれている。ここでは「蓬莱米」と書かれているが、まだその名称のついていない頃のことである。竹子湖など北部の山地高台で始まった内地種の栽培を、平地で冒険的に試みたある篤農家の話である。内地米の価格が上昇して在来種を大きく上まわったことを知った一米穀商が、台中のとある農民に内地種の栽培を促し、それに成功した時のことだったらしい。

「話は中部沙鹿(しやろく)の一農家のことである。米商の勧誘に応じて、蓬莱種を作ろうとしたが、細君が仲々承知しない。果ては夫婦喧嘩にまで展開したが、夫君は暴断で押し勝った。やがて収穫期になってみると、穣々(じようじよう)たる黄金の実り、細君も満更悪い気持ちもしない。くだんの米商がやって来て、勘定を全部買取った。夫君は、その代金が胸勘定より遥かに多いので喜びのあまり、札束を握って屋内に走り込み、大声で愛妻の名をきぜわしそうに呼びつづけた。〃何事ならん〃と出て来た妻君の頰辺りを、札束でいとも可愛いげに〃此奴(こやつ)め、此奴め〃と幾度もはたいた。その時ばかりは、はたかれながらも、うっとり、にっこりと夫君を見上げたと云(い)う」

この時点での内地種の平地での栽培は、篤農家によるリスク覚悟での自発的な栽培であった。しかし、大正一二、一三年頃になると、この内地種栽培熱は総督府によっても押しとどめることのできないものとなった。

磯や末永は、篤農家による栽培に感動する一方で、心中は穏やかではなかった。これは気象条件に恵まれた偶然の成功に過ぎず、気象が変化して病虫害でも発生すればどうなるか。全滅の可能性さえある。ひやひやだった。平地での内地種の純系固定を急がねばとんだことになりかねない。胸を押し潰される思いだった。

内地種は、一つには、草丈は伸びず、光合成がうまくいかない。二つには、分蘗（ぶんけつ）が少ない。分蘗というのは、稲の根元近くから新芽が伸びて株分かれすることをいう。蘗とは「ひこばえ」ともいわれる。分蘗が少なければ穂数は少なく収量は低い。三つには、出穂期が不揃いである。出穂期が不揃いであれば収穫期を特定できず、収穫作業が効率的にはなされにくい。

これだけの欠陥をもつ内地種が、栽培熱を放って島内の平地に広がっていくさまを眺めて、欠陥をいちはやく克服しなければ危うい。もっと安定的な品種の純系固定を急がねばならない。磯と末永の苦心は並大抵ではなかった。

大日本帝国二位の栽培面積

末永は、かねて続行してきた在来種の基礎研究を総ざらいして、その結果を整理、さらに内地種の試作成績ともあわせてこれらの精細な検討をつづけた。

その結果、苗の生育日数が、圃場での稲の生育に大きな影響をもっているという、考えも及ばなかった意外な事実に気づく。これまでは、内地種の育苗日数は、第一期で六〇日ほど、第二期で三〇日ほどをかけていたが、これを第一期作で三〇日、第二期作で一七日に短縮してみたところ、驚くほどの多収になることがわかった。苗代での苗の栽培日数が最適日数より長かったために、内地種の欠陥が露呈していたのである。後に蓬萊米を生むことになる「若苗挿植（わかなえそうしょく）」の端緒が、末永によって開かれた。「挿植」とは田植えのことである。

末永は興奮して、このことを磯に告げた。磯もこの事実を確認しつづけた。しかし、内地種の若苗挿植がなぜ驚異的な成果をもたらすのかは不明であった。とはいえ、事実は事実だ。磯は、台中での大正八（一九一九）年から大正一一（一九二二）年までの若苗挿植の出現にいたるまでの、膨大な実験結果の数値のすべてにわたる細密きわまる研究をつづけて、若苗挿植の理論化を急いだ。

育苗日数と草丈、穂長（ほちょう）、穂重（ほじゅう）、分蘖、挿植より出穂までの日数、苗の窒素含有率との相関、その他のありとあらゆる基礎実験データの相互関連を計算して、品種ごと、また地域ごとに最適とされる育苗日数についての徹底的な検討を重ねた。磯の長い米種育成の人生の中で最も緊迫感に満ち、極度の集中力を要した時間であった。

若苗挿植により内地種の増産にはみるべきものがあった。しかし、これは高台地での栽培成功に刺激されて起こった一時的な偶然かもしれない。若苗挿植の栽培法を確定的なものとするには、理論化によってこれを純系固定しなければ、将来にわたる持続的な増産は期しがたい。

磯は同じことを何度も自分に言い聞かせながら、台中農事試験場の研究室で計算を繰り返し、若苗挿植の理論化についに成功する。磯の理論化の実績には、まことに大いなるものがあった。

これにより、磯は大日本農会からは「紅白有功賞」、日本農学会からは「農学賞」の表彰を受けた。この理論をもって、若苗挿植を基調とする内地種の「栽培指導要項」を確定し、総督府に提出。総督府も若苗挿植の実績、ならびに磯の理論的解明の合理性を理解し、これを総督府公認のものとして発表することとなった。

総督府は在来種に代えて内地種の栽培奨励に踏み切り、精選された内地種の生産拡大に向けて走り出した。若苗挿種の驚異的効果は、単収の増加となってあらわれ、栽培はあたかも燎原（りょうげん）の火のごとく台湾全土に広がっていった。

大正一五（一九二六）年四月二三日には、日本米穀会第一九回大会が台北鉄道ホテルで開かれた。この大会にあわせて、同二五日、新内地種の命名式典が執り行われた。調査のためシンガポールに訪問中の磯はただちに帰台するようにとの電報を受け取り帰船、鉄道ホテルに駆けつけた。

第一〇代台湾総督・伊沢多喜男（いざわたきお）より、この新品種の命名に何かいい案はないかと尋ねられた磯は、「蓬莱米」「新高米」「新台米」の三つのいずれかではどうかと提案、伊沢は即下に蓬莱米を選んでこれを発表した。蓬莱とは、中国東方の海上にあって不老不死の仙人の住ませる命名の妙がある。

う仙境のことである。台湾はこの仙境だと語り継がれてきた。蓬萊米には、いかにもと思わせる命名の妙がある。

しかし、蓬萊米は若苗挿種の創出によって完成したわけではない。若苗挿種を中心としながらも、改良すべきことがまだあった。一つには、蓬萊米の種籾は挿種前の浸水日数が長いほど成績がよいこと、二つには、在来種に比べて肥料に対する感応度が高いがゆえに多肥栽培に努めるべきこと、三つには、病虫害、特に稲のカビの一種であるいもち病に弱いために、いもち病が発生しにくい時期での密植によってこれを防除すべきこと、さらに四つには、籾をよく乾燥させるために密閉貯蔵を行うべきこと、等々が実証によりわかってきた。これら重要な留意事項は、磯を中心とした台中の研究陣によって次々と公にされ、総督府を通じ農会や農民の手で実施されていった。

蓬萊米の原種として最もはやい時期に内地から移入されたのは、九州の「中村」である。時代が大正から昭和に変わる頃、中村を中心に台湾での蓬萊米の作付面積は一一万ヘクタールを超えた。

大正一五（一九二六）年は、蓬萊米の栽培が盛大となったことを期して大日本米穀大会が台北で開催された年だった。

しかし、間の悪いことに、この年の第一期作時に天候不順となり、蓬萊米がいもち病に襲われ、全耕地面積の約四割、農会によっては全滅という損害が発生した。磯と末永はこの惨状に落胆したものの、もう引き返すわけにはいかない。いもち病に強い品種を内地種の中から選別導入し、新たに台湾に根づかせねばと臍を固め、必死に内地種調査を重ねた。

調査の甲斐あって、愛媛から移入した内地種の「伊予仙石」を中村にかえて作付けしたところ、いもち病に対する耐性が強いという事実が判明、これを「嘉義晩二号」として純系固定した上で栽培地を拡大することにした。昭和六（一九三一）年には、嘉義晩二号が中村の栽培面積を凌いだ。その頃を見計らうようにして、台中農事試験場での人工交配により「台中六五号」が創生された。

台中六五号は、昭和七（一九三二）年には嘉義晩二号の栽培面積を超え、昭和一一（一九三六）年には他を圧する蓬萊米種となった。以降、蓬萊米といえば、台中六五号がその代名詞のようにみなされるにいたる。

台中六五号の原種は、山形県庄内地方の篤農家・阿部亀治が育成した品種「亀ノ尾」の雌蕊に、兵庫県の篤農家・丸尾重次郎が改良した「神力」の花粉を人工受粉し、ついに昭和四（一九二九）年にみるべき成果を得た内地種である。この内地種を台湾に導入して改良を加えた台中六五号の栽培開始は、昭和四年であった。栽培面積の拡大には驚嘆すべきものがあった。

この時点で、内地で栽培面積の最も大きかったのは「旭」の三三万ヘクタール、これに次ぐ「愛国」が一七万ヘクタール、「神力」一六万ヘクタール、「銀坊主」「坊主」各一四万ヘクタールであった。台中六五号は面積のそれほど広くはない台湾での品種でありながら、二五万ヘクタールとなった。蓬莱米は、大日本帝国の第二の栽培面積を誇ったのである。

蓬莱米の創生を機に、磯は研究論文として「台湾稲の育種学的研究」を執筆、この論文により北海道帝国大学農学博士号の称号を授与された。この成果を総督府は高く評価し、磯に台湾農業の一段と優れたリーダーとしての業績を積ませようと、一年半にわたり米国、英国、ドイツに留学させた。蓬莱米の成功への論功行賞的な意味合いもあったのであろう。留学を経て台湾に帰ったところで、磯は台北帝国大学農学部教授の席を与えられた。四四歳であった。磯は研究持続と同時に、次代を担う農学者を台湾で養成せねばと、大学では熱帯農業についての実践と理論を学生たちに授けつづけた。

台北帝国大学の「磯小屋」

日本における最初の帝国大学が、明治一九（一八八六）年の東京帝国大学である。これに明治三〇（一八九七）年の京都帝国大学、明治四〇（一九〇七）年の東北帝国大学、明治四四（一九一一）年の九州帝国大学、大正七（一九一八）年の北海道帝国大学とつづいた。これに次ぐのが、大正一三（一九二四）年の京城帝国大学、昭和三（一九二八）年の台北帝国大学であった。京城と台北の帝国大学の後に生まれたのが、昭和六（一九三一）年の大阪帝

磯永吉小屋のイラスト（国立台湾大学ＨＰ）

国大学、昭和一四（一九三九）年の名古屋帝国大学である。

海外領土の朝鮮と台湾において、帝国大学が、しかも内地の大阪や名古屋のそれよりもはやく設立されたことは画期的であった。現在のソウル大学ならびに国立台湾大学の淵源が、京城帝国大学であり台北帝国大学である。日本以外の列強が植民地において大学を創設した例はまったくない。往時の日本の海外領土経営のありようを示す好例として、特記されてしかるべきことであろう。

台北帝国大学は煉瓦づくりの瀟洒な建築を椰子の木々が覆う、いかにも亜熱帯の大学を思わせる広大なキャンパスである。当時も、現在と同じ台北市大安区羅斯福路に立地していた。

この大学の一隅に「磯小屋」と通称される、大学の創立以前の大正一四（一九二五）年に建てられた質素な長い平屋の建物がある。

総督府台北高等農林学校として建てられたものだが、台北帝国大学が設置された折に大学に吸収された。その一部が磯永吉の研究室となった。磯小屋の隣には、大学構内とは思えないほどに広い実験農場があり、ここで磯は同僚とともに米の一層の品種改良に励み、さらにサツマイモ、亜麻などさまざまな農作物の品種改良に取り組んだ。

日本は第二次大戦に敗北、ポツダム宣言の受諾により連合国軍に占領された。中国、台湾、仏領インドシナなどの日本軍は、国民政府軍への投降を命じられた。この時点で、中国大陸においては、国共内戦と呼ばれる国民政府軍と中国共産党軍の内戦が展開されていた。

その最中、台湾は中華民国台湾省として国民政府の支配に組み入れられた。昭和二〇（一九四五）年一〇月には、国民党軍二個師団一万二〇〇〇名と官僚二〇〇名ほどが基隆（キールン）に上陸、次いで台湾行政長官として任命された陳儀が台北に到着した。ラジオ放送を通じて、以降、台湾は再び中国の領土となり、住民も中華民国政府の施政下におかれることが報じられた。台湾住民の意思はまったく無視されたままであった。

日本軍施設はもとより、台湾総督府の直轄官署のすべてが接収された。台湾在住の日本軍人、軍属、その他の多くの日本人が本土への引き揚げを強要された。本土引き揚げは、軍人、軍属から開始され、これは昭和二一（一九四六）年二月に終わった。次いで、その他の在住日本人が引き揚げることになった。約二〇万人の日本人の多くは、長い在住の地からの離別を潔しとせず、台湾に留まることを希望したものの、国民政府はこれを許さず、引き揚げは昭和二一年四月までに完了した。半世紀にわたる努力によって築かれた資産と人的関係の絆を断ち切られての、無念の引き揚げであった。

しかし、国民政府は、中華民国に不可欠とみなした技術者や教員などを含む二万八〇〇〇人の日本人を「留用者」として台湾に留めおくことにした。台北帝国大学教授の磯もその一人であった。中華民国台湾省農林庁技術顧問が磯の肩書であった。

磯が台湾省の技術顧問として留用されたのには、一つの経緯があった。昭和一二（一九三七）年当時の国民政府の福建省主席が陳儀(ちんぎ)であり、この陳儀からの招聘により、磯を団長とする台湾農業指導団が一カ月半にわたり福建省各地を視察、指導、講演をして回ったことがある。この間に、磯は陳儀とは何回か会見し、同省の米生産の方法について話し合う機会があった。その縁で、磯は中華民国に不可欠の人物として台湾留用者に指名されたのである。昭和三二（一九五七）年までの戦後一二年間にわたる長期の台湾留用であった。

磯は昭和三二年に農林庁技術顧問を定年退職、四五年の生涯を懸けた仕事を成し遂げて帰国した。日本帰国に際しては、磯は中華民国政府から最高位勲章の大綬景星勲章を授与され、さらに中華民国立法院からは存命中、毎年、蓬萊米一二〇〇キロを贈られることになった。陳儀の意向に沿ったものだといわれる。もっとも、日本の食糧管理特別会計の制度に阻まれ、蓬萊米は農林省外局の食糧庁が買い上げ、その代金が磯に渡されることになった。

陳儀といえば、かの「二・二八事件」に際し、国民政府中央に増援部隊の派遣を要請、増援された憲兵第四師団二〇〇〇名、陸軍第二師団一万一〇〇〇名に、武器をもたない台湾住民への無差別射撃を行わしめ、無数の無辜の民を惨殺した張本人として今なお台湾住民の怨嗟の対象である。しかし、右に述べたような一面を陳儀はあわせもっていた。

四五年ぶりの帰国

磯の帰国は、中華民国台湾省農林庁技術顧問を定年退職した昭和三二（一九五七）年、七一歳の時であった。四五年ぶりである。明治一九（一八八六）年に広島県の福山で出生したのだが、実家はすでになく、帰国といっても帰るべき場所はなかった。

かつて台湾総督府に勤務、農政を担当していた人物に小澤太郎がいた。山口県知事を経て、当時は山口県選出の衆議院議員であった。もう一人、往時の台湾で基隆市長を務めていた桑原政夫が防府市助役の任にあった。桑原は磯の帰国の情報を得て小澤にそのことを伝えたところ、防府に住まってもらい山口県の農政に協力していただいてはどうかという話になった。桑原はその旨の手紙を磯に書いて応諾を得るや、直ちに自宅近い防府市緑町の一角に磯を迎える住宅を設計、建築するという手際よさであった。

磯にとっては四五年ぶり、戦後一二年経った時点での帰国である。日本の事情は何もかもがかつてとは異なっていた。桑原は、市内の道案内から買い物の手伝いなど細やかな心配りで磯に寄り添った。磯の高い研究業績と名声をよく知っていた桑原の心づくしだった。

磯は台湾で留用中に脳溢血で意識が薄れたことがあり、多少の麻痺が手足に残っていたが、特にこれにこだわることもなく、小澤の勧めにより山口県の農政専門委員、山口大学非常勤講師、山口県農事試験場防府分場などでの勤務を淡々とこなした。

小澤が中南米視察旅行の折、山口県出身者の多いドミニカのダハボン県の農業移住村に立ち寄った際、米の単収が台湾に比べてはるかに低いことに驚かされた。帰国後、小澤は磯にドミニカは台湾と緯度が変わらないので、蓬莱米の適地ではないか、少しでも助けになりたいのだが、と伝えた。磯は、現在では中華民国政府が種子の輸出を禁止している。沖縄で栽培されている蓬莱米種を取り寄せ、これをドミニカに移送してはどうかと提案した。小澤はその提案に沿って沖縄の農事関係者と折衝、蓬莱米をドミニカに送り同国の単収増加に貢献した。

磯は防府で三年を過ごしたものの、研究情報の不足に不満を抱き、伝手（つて）をたどって横浜・井土ヶ谷（いどがや）に家を購入し、ここに移り住むことになった。が、手足の麻痺がいよいよひどく、無聊（ぶりょう）の日々を余儀なくされていた。

一つの朗報が思いもかけず飛び込んできた。磯の研究業績が「亜熱帯における稲の育種に関する研究」として昭和三六（一九六一）年の第五一回学士院賞を授けられることになった。同年の受賞者は九名、農学者は磯だけだった。両陛下ご臨席のもとでの授賞に磯は涙こぼるるの思いを深くしたが、ここにたつが同伴してくれていたらと、この時ほど妻の不在の切なさを思い知ったことはない。

磯の体調は急速に不良となり、長女の愛子が嫁いでいる岡山大学教授の川口四郎の官舎に寄寓、娘の介護に頼ることにした。川口もまた、戦後台湾に珊瑚生物学の専門家として留用されていた。磯より一足はやく帰国し、岡山大学の教授職にあった。川口と愛子の手厚い看病の中で磯は静謐な死を迎えた。昭和四七（一九七二）年一月、享年八五。

末永の死去は、昭和一四（一九三九）年一二月であった。磯の研究論文の実証的基礎は末永なくしてこれを語ることはできない。農夫然として農民とともに圃場で働く姿は嘉義や台中の農民に深い信頼感を与え、また嘉義農事試験場のスタッフたちは、その勤勉、何よりも末永の直感力の鋭さに圧倒されていた。若苗挿植という画期的な栽培法の成果は、末永の無限ともいえる回数の実証実験の上でひらめいた、まさに直感力そのものだった。磯の研究は末永のひらめきの理論化であった、といっていい。

昭和一二（一九三七）年、蓬萊米に強い関心をもつボルネオ島のサラワク王国からの要請を受け、ここで二年間、蓬萊米の栽培指導にあたった。台湾以南の東南アジアでの蓬萊米の栽培可能性を証した最初の試みであった。末永の意気は軒高だった。しかし、あまりの熱意のゆえであろう。結核に侵され台湾に戻らざるを得ず、台北の一病院に入院した。しかし、稲の品種改良のことがどうしても頭から離れない。熱が少し下がったのを見計らい、台北の実験農場の圃場に出かけ、脳溢血により圃場で絶命。享年五三。

◆第二章

蓬莱米が起こした「緑の革命」

八番目に創生された改良品種

磯の日本への帰国は昭和三二（一九五七）年であった。その時期を前後して、台中農事試験場は「台中六五号」に品種改良をさらに加えて、「台中在来一号」という高収量品種を生み出すことに成功した。台中在来一号は内地種ではなく、在来のインディカ種相互の交配によって生成した新品種である。台中在来一号は、草丈が短い在来種（「低脚烏尖(ていきゃくうせん)」）と、草丈は長いが病虫害に強いインディカ種との交配によって生まれた、最初のインディカ種相互の交配による高収量品種であった。

磯や末永の努力が蓬萊米として結実する一方、同時に積み重ねられてきた在来種の品種改良努力の、もう一つのまことに大きな実験成果であった。「国際稲研究所」（International Rice Research Institute）は、この台中在来一号を原種とし、もう一つの原種をインドネシアで改良された新品種である「ペタ」とし、二つを人工交配することにより「ＩＲ８」として広く知られる決定的な改良品種を創出したのである。

左はインドネシア原産の在来種で、右が改良された高収量品種「ＩＲ８」
国際稲研究所（フィリピン）の資料より

国際稲研究所は、フィリピン政府、フォード財団、ロックフェラー財団の三者の協力により昭和三五（一九六〇）年に、マニラ郊外のロスバニョスにあるフィリピン大学農学部の構内に設立された、世界最大規模を誇る稲作研究所である。世界各地から優良品種を収集して、高収量品種の開発に恒常的に取り組む国際機関である。

ＩＲ８とは、この国際稲研究所の努力によって八番目に創生された改良品種という意味である。これは「奇跡の米」として、東南アジア、南アジアの全域に普及し、アジア「緑の革命」の時代の到来を可能にした画期的な改良品種であった。磯、末永に始まるいくたの努力は、台湾の蓬萊米を経由してアジアの全域を食糧不足から解放し、なお各国に自給を可能にしたのみならず輸出余力までをつくり出す歴史的成果をもたらしたのである。

アジアの国々は総じて人口過剰である。人口過剰とは何よりも耕作可能な土地に対してである。アジアの国々が人口過剰であるのは、大きな河川が海に注ぎ込むあたりに形成された沖積土デルタを中心に、肥沃な水稲耕作地を豊富に擁してきたことの結果である。

米は多種多様な栄養素をバランスよく含んだ、文字通りの主食である。それゆえ、米の「人口扶養力」は他の食料作物に比べて格段に高い。アジアが稠密（ちゅうみつ）な人口を抱えるようになったのは、水稲耕作が可能にした豊かさのゆえである。一平方キロ当たりの収量で扶養可能な人口の数は、焼畑一五〜二五人、陸稲が二五〜三〇人であるが、水稲は六〇〇〜七〇〇人に達する。

アジアの農業は、かつて焼畑農業によるタロイモやヤムイモ、マメなどの生産が中心であった。イネはオカボと呼ばれる陸稲生産の段階を経て、沖積土デルタでの水稲生産の段階にいたった。水稲がアジアに広まったのは過去二〇〇年ほどのことである。特にこの一〇〇年、タイのメナム・チャオプラヤデルタ、ミャンマーのイラワジデルタ、バングラデシュのガンジス・ブラマプトラデルタなどの開発が本格化して米の生産力が上昇した。

水稲の導入により、アジアの人口は爆発的に増加した。そして、この激しい人口増加により可耕地のフロンティアが次第に消滅していったのである。実際のところ、アジアの可耕地はこの二〇数年、まったく増加していない。砂漠化や都市化により耕地の壊廃が進み、可耕地が減少した国もある。

一方、アジアの農業人口は増勢がやむことはなかった。そのために、アジアの一人当たりの可耕地面積は急速に減少せざるを得ない。人口過剰のアジアにおいては、農業はその零細性をもって特徴としてきた。人口増加にともない、その零細性がいよいよのものとなったのである。アジアは、強まる人口圧力と米の単収との厳しい「競合」のもとにおかれてきたといっていい。

そして、現在のアジアはこの競合に打ち勝つ能力をようやくにして身につけた。アジアの米の単収は半世紀にわたり顕著な速度で上昇してきた。稲作農業を中心に試みられた高収量品種の開発とその導入・普及の成果であり、これが「緑の革命」である。

アジアにおける在来の米品種はインディカ種である。しかし、在来種インディカの単収は低い。収量を上げようと在来種に肥料を施すならば、茎が伸び葉が茂り過ぎて収穫前に倒伏してしまう。在来種に対する肥料の増投は米の増収にはつながらない。この状況に鑑みて国際稲研究所が設立され、高収量品種の開発研究が開始された。

一九六〇年代の後半には、草丈が短くて太いために容易に倒れず、さらに葉が直立して効率的な光合成を可能にし、穂に実る粒も豊富な品種の開発に成功した。在来種に比べて単収の格段に高い品種の登場であった。

「緑の革命」を生み出した高収量品種とは、正確にいえば「多肥多収性」の改良品種のことである。日本の農業発展史の中にこのことが最もよくあらわれている。日本の耕地面積は人口数に比して少ない。それゆえ日本の農業における最も重要なテーマは、「肥料感応度」の高い新品種をいかにして創出するかにあった。

明治維新による封建的拘束の廃止は、全国的規模での農民組織による種子交換会を一般化させた。各地で種子の交配を繰り返して「神力」「愛国」「亀ノ尾」などを開発、これを全国にくまなく普及させた。これらは経験に富む篤農家の手によって結実した技術という意味で「老農技術」と呼ばれた。この技術は日本の在来農法を変化させ、稲作生産力を向上させた。

大正期に入ると、肥料はそれまでの満州産大豆粕などの自然肥料から硫安などの化学肥料に変わった。低価格による化学肥料の入手が可能になるとともに、それまでの老農技術よりさらに肥料感応度の高い改良品種が公共農事試験場の努力を通じて生まれた。「朝日」「陸羽一三二号」「農林一号」「農林八号」などの開発努力により、日本の米の単収は劇的な増加をみせた。

台湾の蓬莱米は、この日本の内地種を台湾の土壌、気象条件に見合うように改良した画期的な成果であった。そして、実は、この蓬莱米の成果がアジアに及んでいくプロセスにおいて、インディカ種を中心とした「アジア・グリーンリボリューション」という革命が展開していったのである。仮にこの革命がなかったならば、アジアには食糧不足と飢餓がなお蔓延していたに違いない。

忘れられた日本人・杉山龍丸

蓬萊米のアジアへの普及・拡大に端緒を開いたのは、一人の「忘れられた日本人」杉山龍丸である。インド・パンジャーブ地方の目を覆うような飢餓の惨状に深く心を痛め、その救済に全力を注がねば己の生きている証が立てられない。悲壮な決意に駆り立てられた人物が龍丸である。

興亜主義者として明治日本の指導者を動かした「黒幕」杉山茂丸を祖父とし、アジア解放を夢みて資金源確保に努めた杉山泰道（やすみち）（夢野久作）を父とする龍丸は、パンジャーブ州の飢餓救済を杉山家三代の宿命だと思い定めた。蓬萊米のパンジャーブ州への導入の苦闘、そしてついに成功をみたこの物語の中に、アジア・グリーンリボリューションのもう一つの源流がある。

龍丸は、陸軍士官学校を卒業、敗色濃いフィリピンのネグロス島戦線に送られ、所属部隊兵士のほとんどが戦死する中で、辛くも死地を脱し帰還することができた。しかし、帰還はしたものの仕事をして食っていくことは容易ではない。ようやくにして東京の秋葉原の焼け跡に小さな工場を建て、合成樹脂の板とパイプを使った製品の設計・組立工場を細々と経営しながら食い扶持を得ることができるようになった。

龍丸のその後の運命を決めることが、ひょんなきっかけから生まれた。昭和三〇（一九五五）年一二月のある日のことだった。製品を京橋の注文主のところに届け東京駅に戻り、切符を買い求めようと窓口に近づいたところで、陸軍士官学校の同期で立川の陸軍航空技術学校で

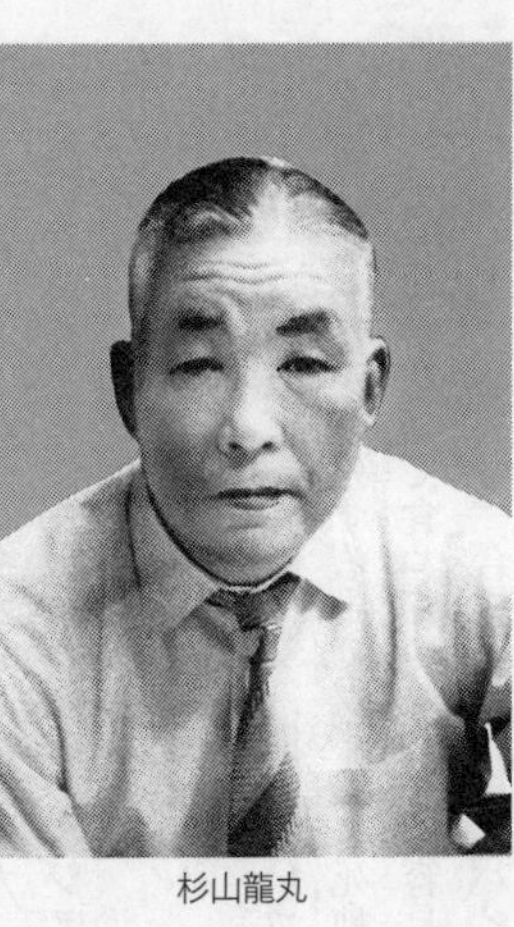

杉山龍丸

も同期生であった大柄の佐藤行通と出くわした。まったくの偶然である。佐藤の傍らには、端正な顔つきの若いインド人青年が立っている。

佐藤はこの厳冬というのに、白い和服の上にインド風の黄色の僧衣を袈裟懸けに纏い、手に団扇太鼓をもっている。日蓮宗系宗教団体の日本山妙法寺の僧職であることは一目でわかる。ともかくもこんなところで長話もできないからと、八重洲口を出て左側のとある喫茶店に誘った。陸軍航空技術学校卒業以来の邂逅である。

切りのない話が始まると思いきや、佐藤はいきなりこういう。自分は藤井日達聖人創設の日本山妙法寺に所属している。ガンジー翁の思想に深く共鳴し、インドの宗教的な共同体組織アシュラムの一つで貧民救済活動に携わっている。すぐにインドに向かうという。

ところで、といって佐藤はインド人青年を改めて龍丸に紹介する。アシュラムの拡充運動に携わっているデリー大学出身の秀才だという。米国在住のインド人にアシュラムの運動を広めるために日本を経由して米国に行くことになっているが、旅費がない。佐藤は龍丸にその旅費を出してくれないか、という。一〇年以上も沙汰のなかった自分に会って、そんなことをいきなり切り出され、龍丸は戸惑う。そんな大金は私にはない、と最後には気まずい思いでコーヒー代を龍丸が支払いそこで別れた。

翌日、龍丸が秋葉原の事務所で合成樹脂でつくる化学装置の設計見積もりをしていたところに、事務所の玄関前で団扇太鼓を打ち鳴らし「南無妙法蓮華経、南無妙法蓮華経」を大声で繰り返す者が現れた。飛び出してみれば、昨日の佐藤ではないか。例のインド人青年が後ろに控える。事務所にずかずかと入り込み、昨日お願いしたインド人青年の米国行きの旅費をもらいにきた、という。金などないといえば、これだけの事務所を構えているんだから手形くらいは切れるだろうと譲らない。

佐藤は、事務所の三和土（たたき）にどっしりと重い体を乗せ、動く気配をみせない。佐藤に龍丸は苛立ち、えいやと一枚の約束手形に署名・捺印して佐藤に渡した。手形はどういう経緯でかはわからないが、後日、日本国内のあるユダヤ人組織に渡り、それを取り戻すための借金に龍丸はほうほうの体であった。

インド人青年の訴え

藤井日達が、佐藤から龍丸のことを伝え聞いたらしい。龍丸の祖父が茂丸であり、茂丸が、往時、日本に亡命していたインドの独立運動家のラース・ビハーリー・ボースの支援者であることまで調べ上げてのことであろう、日達自身が龍丸の事務所に電話をかけてきた。

デカン高原中央のワルダ市のアシュラムで、日本山妙法寺が救援活動を行っている。一人の日本人がそこで日本式農法により、苗場づくりから、稲の植え方、除草、収穫の仕方にいたるまでの技術指導に精を出している、という。

「いずれこの男が優秀なインド人を杉山さんに紹介するので、そのインド人に会ってやってくれないか」

日達が直々に龍丸にそういうのである。日達のインドへの深い思いが電話から伝わる。

「自分はインドのことは何も知りませんが、技術屋ですので、技術のことでお役に立つことがあれば助力できるかもしれません」

ただの儀礼のつもりでそういって電話を切った。

その後しばらくして、ガンジー翁の深い思想的影響を受け、デリー大学政治学部を卒業後、アシュラム運動に携わっているというミルミラーという名前の若者が、日達が電話でいっていた人物に連れられ龍丸の事務所にやってきた。

インドの名門大学の秀才らしく、なりは粗末なものの、いかにも品のいい顔立ちの若者である。陶器づくりの技術を習得してアシュラムに帰り、インドで陶器生産を広めたいという。泥の中に手を入れて原料をこね上げ、ろくろを回し素焼きをつくり窯でこれを焼き上げる、そんな作業はインドでは最下層の人間のやることだ。しかし、手づくりの仕事を忌むべきことだと考えているようではインドの発展は期しがたい、というガンジー翁の思想に深く共鳴し、自分はこの技術を日本で学ぶためにやってきたのだという。日本語を大学で一年間、勉強してきたともいう。たどたどしい日本語の中に、龍丸は何か差し迫った決意が隠されていることを感じた。

翌日、ミルミラーは龍丸の事務所に彼がインドでつくったという素焼きを、一包みの原土とともにみせにやってきた。龍丸はこれでは駄目だと直感した。色よいことをいっては後がつづかない。

「ミルミラー君、君の要求する指導に私は添えない」

ミルミラーは肩をがくんと落とし、フロアに座り込んでしまった。自分は日本で製陶技術を学ばずしてインドには帰れない。ガンジー翁は、毎日、インドの糸車チャルカを使い、みずから糸を紡いでインドの大衆に物をつくることの重要性を説きつづけている。英国からの輸入に任せておくだけでは、インドの植民地からの本当の独立はかなわない。インド人自身の手による物づくりの象徴が、あのチャルカだ。私はガンジー翁の志を継いでインド人の手で物づくりをどうしてもやりたい、と訴える。龍丸の心は少し揺らいだ。

戦場から帰還してやるべきことはやった。が、自分はまだ本当に他人を利することなど何もやっていない。今は自分ひとりを食わせるのが精一杯、他人のために何かをする時間はない。しかし、インドのこの青年のために少しでも時間を割いてやるかと、決断というにはまだ程遠いが、ほんの小さな意思の灯が胸に宿った瞬間だった。

杉山家三代の宿命

そうだ、父・夢野久作の手によって開発された福岡県香椎の杉山農園にはしばらく帰っていない。福岡への途次、この青年を伊勢の皇大神宮に連れていって、内宮の神宮徴古館で、縄文土器から弥生土器、埴輪に始まる日本の陶器の技術進歩の歴史を観察させてやることがまずは必要なのだろう。龍丸はそう考え、伊勢神宮に仕える旧知の幡掛正浩に、インドの一青年を連れて近々うかがう旨の手紙を出したところ快諾の返信を受けた。

新緑の頃であった。龍丸も極度の多忙で、このまま仕事をつづければ倒れてしまいかねないとさえ感じていた。注文客には、納品に少しの遅れが出ることを事前に詫びて一週間ほどの休暇を取ることにした。こんなに長い休暇など、ネグロス島での兵役を終え帰還して以来、初めてのことだった。

秋葉原の事務所二階の狭い部屋でミルミラーと二、三日過ごし、旅の支度を整え、二人は東海道線で伊勢をめざした。空が赤みをみせる早朝の出発だった。東海道線は山々が迫る海岸を走る。車窓からみえる勢いよく芽吹く新緑に、龍丸は久しく味わったことのない解放感にひたった。

東海道線が静岡県に入ってしばらくすると、十分過ぎるほどに手の入れられた、延々とつづく茶畑、その背後に富士山が勇壮な姿を現す。ミルミラーは陶然とこれを眺めていた。赤茶けた土と砂が広がるだけ、緑といえば貧相な雑草しかないようなインドではみることのできないこの光景にミルミラーは心を震わせている。東海道線を名古屋駅で乗り換え、近鉄線で宇治山田駅に着く。

皇大神宮は内宮といわれ、駅から歩いてもそう遠くはない。俗界から神聖な世界への架け橋、宇治橋を渡ると、茂る木々の間から暮れなずむ空の光がうっすらと差し込み、敷きつめられて絨毯(じゅうたん)のような白い小石を靴の底に感じながら、鳥居から右手に回って緩やかな坂を下り、五十鈴川(いすずがわ)の御手洗場(みたらしば)に足を運ぶ。何という清明な水の流れだろうか。自分の体の全体が清澄な存在へと羽化(うか)していくように感じられる。手と心を清めて鳥居のいくつかをくぐり、内宮正殿に向かうと、二本の太い木曽檜(きそひのき)の棟持柱(むなもちばしら)に支えられた茅葺きの屋根がみえる。屋根を突き刺すように二本の千木(ちぎ)が交差し、両端を金色の飾物で覆った一〇本ほどの円筒形の鰹木(かつおぎ)が、屋根の稜線に直角に据えられている。

内宮正殿の前に立ち、龍丸に促されてミルミラーも二拝二拍手一拝する。神宿る場所といえば、インドでは巨大な石づくりか煉瓦づくりのものしか知らないミルミラーは、無垢の木づくりの粗末にもみえるこの建物に、人間を親しげに慰霊するものの存在を感じたようだった。威圧感はまったくない。超越的な感じもない。むしろ、自分の中に宿る神性がこの正殿を拝することによって引き出されるのではないか、とさえ思わされた。そういえば、ミルミラーが五十鈴川で手を清めたあたりから、まったく無言だったことに龍丸は気づく。

内宮と外宮(げくう)の中間あたり、倉田山の中にある神宮徴古館に向かう。ルネッサンス風の重厚な建物である。ここだけは神宮全体の中では異質感がある。しかし、中に入れば神宮の祭祀に用いられる、古代から伝わる祭器具、供え物が整然とガラスで蔽(おお)われ展示されている。幡掛はここで龍丸とミルミラーを待っていてくれた。幡掛の案内で徴古館の見学順路に沿って二人は歩く。

一隅の白木づくりの、ガラスで覆われた陳列棚の前でミルミラーは急に足を止め、これは何かと幡掛に尋ねる。館内には三人以外に誰もいない。幡掛は流暢な英語で、これは東京の宮城(きゅうじょう)内の圃場で天皇御みずから育てた稲穂と、皇后陛下がご自身でつくられた白い絹糸の束だと伝える。

この稲穂と白絹糸の束の前で、ミルミラーは何かを直感したらしい。直立し、稲穂と白絹にじいと見入り、次いでフロアにひざまずき、口からヒンディー語であろう、何やら祈りの言葉をぶつぶつと語り始めた。その声はだんだんと大きく館内に響き、声を収めると涙を流し長いことフロアにひざまずいて、またぶつぶつとつぶやく。目にはうっすら光るものがみえる。龍丸がこのように敬虔な祈りをみたのは初めてのことだった。

ミルミラーは立ち上がって、ガンジー翁が「インドに必要な生産技術は、欧米にではなく日本にある。日本が古代から受け継いできた技術を学んでくるように」と自分にいわれた理由が、今この瞬間に心底理解できたという。龍丸は困惑を隠せないものの、ミルミラーの心からの得心の顔を凝視し、そうか、この俺もインドのために役立つことを、まずはこの青年を通じてやってみようかと、心が少しだが、確かに動き始めていた。

ミルミラーに次いで何人ものアシュラムの若者が秋葉原に訪ねてくるようになった。彼らは龍丸や幡掛の紹介により、陶器のみならず、農機具、竹細工などを学習してはインドの各地のアシュラムに帰っていった。龍丸の心は、アシュラム運動に興国の志を捧げようとするインドの若者たちに次第に引き寄せられていった。

龍丸の熱意が指導した若者たちの心を動かし、龍丸のことがインド政府にも伝えられたらしい。昭和三七（一九六二）年の一一月にガンジー翁の弟子たちによる共同体運動サルボダヤ・サンメランの大会が、インド中西部のマハラシュトラ州のとある村で開かれるから、これに参加せよとの招待状が龍丸のところに舞い込んだ。大会責任者の名前と一緒に、何と、ジャワハルラル・ネルー首相とモラルジ・デサイ蔵相の二人を加えた三者の連名で招待状が送られてきたのである。招待状を受け取った日本人は藤井日達聖人と龍丸の二人だけらしい。

この会議への出席を機に、龍丸は昭和三七年一一月から翌年四月までインド北部を精細に観察して歩き、この地域の圧倒的な貧困、当時、不可触賤民といわれた絶対的貧困者の惨状を目の当たりにし、この世の果てしもない残酷な現実に胸を塞がれた。どうにかならないものか、自分にできることは何かないのか。残りの人生を懸けてもやり遂げねばならないのは、インドの貧困との対決だと龍丸が心を固めた旅であった。

確かに無謀な決意だった。しかし、次第に龍丸は、この決意は、杉山家三代にわたり受け継がれてきた宿命なのだ、祖父の茂丸、父の泰道のあの業績に自分が少しでも近づくには、初老になって初めて眼前にしたこの現実に向き合うことだと真剣に考え抜き、怠りなく行動すれば活路は小さくとも開かれる。活路が見出されれば協力者が集い、それなりの成果が得られるのではないか。三代の宿命からは逃れられない。逃れられないから宿命なのだ。

なぜ野牛は炎天下で腹ばいになるのか

バンコクのドンムアン空港を飛び立った飛行機が、ミャンマー国境の深い密林地帯を越えると、やがてインド洋に出る。インド洋を北上してしばらくするや、眼下はバングラデシュである。ヒマラヤ山系に発して南下するブラマプトラ河と、ヒンドゥスタン平原を流れるガンジス河とが合流するあたりに広大なデルタがみえる。

ブラマプトラ河とガンジス河が合流して生まれる膨大な量の水が周辺に溢れ、あらゆる形状で蛇行を繰り返し、中小の無数の支流となってインド洋に注ぐ。デルタを過ぎると飛行機はガンジス河沿いに進み、ヒンドゥスタン平原の上に出る。はるか右手には七〇〇〇メートルを超える、千古の雪を頂くヒマラヤの峰々が連なる。ガンジス河を上っていくと灰白色の地肌の平原が始まる。森林らしきものは見当たらない。

平原の東方、パンジャーブ、ラージャスタン、グジャラートの三州にまたがるタール砂漠は、デカン高原から流出した土壌が長い時間をかけて堆積された地域である。ヒマラヤ山系に発する水が、平原の深部を大量の伏流水として流れ、その流れが飽和し地表に溢れ出てインダス河の無数の河川群となる。

ガンジス河やインダス河は豊かな水が悠然と流れる大河のようにイメージされる。しかし、実際には、雨季と乾季の二つしかない。雨季は六月から一〇月まで、乾季は一〇月から一二月までである。雨季には天の底が抜けたように激しく降る一方、乾季には大地は干上がり、砂は踵（かかと）が没するほどの高さになる。風が吹けばつむじ風が砂塵を天空に舞い上げる。

雨季には洪水が襲う一方、乾季には水が地表から姿を消して地下に潜り、ガンジス河の支流は河床までも乾き切ってしまう。人間の体温を上まわる四〇度以上の日が何日もつづくと、体力は労働に耐えられない。ガンジー翁の生地、アラビア海に近いグジャラート州のポールバンダルにいたっては、室内でも五〇度前後、室外は赤熱である。強烈な太陽光線で平原も山脈も炎熱で白く輝き燃えている。

龍丸は、サルボダヤ・サンメランの大会が開かれたマハラシュトラ州のベドチイ村を拠点に、昭和三七(一九六二)年一一月から乾季のヒンドゥスタン平原を精力的に歩き回った。乾季の平原にも地下に伏流水があることを、龍丸が初めから知っていたのではない。パンジャーブ州の半砂漠のとある村での昼下がり、まばらな樹林の木陰で一服していた時に龍丸は不思議な光景を目にした。二〇匹ほどの野牛の群れが樹木の下ではなく、太陽の照りつける砂漠の一カ所に集まり、じっと腹ばいになっている。この暑さの中でどうしてそんな行動をとるのか。野牛に近づくことは危険だと知りつつも、吸い寄せられるように十数メートルあたりにまでにじり寄った。

野牛は腹ばいになる前に、砂の表面を暗褐色の土が出てくる三〇センチほどのところまで足で激しく掻き上げ、地表の下の湿り気のあるところを露出させ、そこで腹ばいになっている。

表土三〇センチくらいまで掘れば、地下の水分が蒸発する時に熱を奪われてひんやりとするのであろう。野牛が寝そべってる表土の下に「ワジ」と呼ばれる涸(か)れ川があるのに違いない。龍丸はそう直感する。樹木の枝をナイフで切って丸棒をつくり、地上から二〇センチから三〇センチまでを掘ってみた。確かに暗褐色の土が出てきて手にわずかな湿り気を感じる。

ついでに、まばらに生えてる草を引っこ抜いてみようとするが、根は相当に深い。両手で一杯の力を込めて引っ張る。駄目だ。丸棒で地面を根気よく掘っていくと、みすぼらしい草なのに、その根の長さは何と二メートル以上である。三メートルほどの雑草もあるらしい。動物も植物も地下水の存在を本能的に知っていて、これを頼りに生きるすべとしているのであろう。本能とはすごいものだ。

パンジャーブ州のあちらこちらを調べ歩くうちに、砂漠や乾燥地帯の地下には幾重にも堆積した地層があって、その中に伏流水が存在していることを龍丸は確かに知るようになった。地表の水分と水流は太陽の直射によって蒸発しているが、地下には豊富な伏流水がある。これを利用して植林に成功すれば、植生を変えることができるのではないか。龍丸は、この発見と着想に高揚するところがあった。パンジャーブ州の村のあちこちを歩き、村の長にその話をして歩くのだが、怪訝な顔をされるだけだった。

パンジャーブ州総督に会う

一つの幸運が訪れた。龍丸の熱意がどういう伝手でかはわからないが、州総督（知事）ヘトラマ・タヌ・ピラトの耳に入り、州都のチャンディガールの総督府を訪ねてきてほしい旨の手紙を、パンジャーブ州を旅する途次のある村の村長を通じて龍丸は受け取った。龍丸は鉄道を乗り継いで急ぎ州総督府に向かう。チャンディガールはヒマラヤ山脈の山麓部の丘陵地帯に位置する海抜三〇〇メートルの町である。

インドにきてから、英国のインド統治時代に建てられたこんなに重厚な建物に入るのは、龍丸には初めてのことだった。英国植民地時代の支配者が、権威と権力においてどんなに高く強いものであったかをうかがわせていた。この建物の主が龍丸に会いたいという。本当のことなのかと、州総督府のゲートの前に立っても龍丸はまだ不可解な面持ちだった。

ピラトは、ビハーリー・ボースの支援のために奔走した龍丸の祖父・茂丸のことを、ガンジー・アシュラムの幹部を通じて知らされていた。総督はボースに深く傾倒しているようである。龍丸がマハラシュトラ州でのサルボダヤ・サンメランの大会に、ネルー首相やデサイ蔵相から招待された人物だということも知っていた。

分厚い絨毯の敷かれた長い廊下を執事に案内されながら歩き、二階の奥まった総督の執務室に招き入れられた。総督は龍丸に握手を求め、こう切り出す。

「あなたはインドの開発に関心をもっていると聞いているが、大変嬉しいことです。インド人の生活向上のためには何から手をつけていいのか、そこのところについて日本人であるあなたのパンジャーブ州での観察からおうかがいしたいのです。あのように発展した日本と私どもインドの違いは、どうして生まれるのでしょうか。率直な意見をお聞きしたいのですが」

突然の問いかけに一瞬戸惑ったものの、龍丸は真っ正直に答えた。

「日本人は森を大切にしています。日本人はどんなに貧しい状態にあっても、山の植林や間伐を怠ったことはありません。ところが、ヒンドゥスタン平原では山林をみかけることは滅多にありません。現在のインドにとって重要なことは、工業化だとは私には思われません。パンジャーブ州の人々のエネルギーを植林に注ぎ、植林を通じて植生を変え、そうして食糧の自給を達成すること、これがまずはやらねばならないことなのではないでしょうか」

「自分もそう考えているのだが、どんな樹をどこに植えたらいいのか、パンジャーブの州政府にも住民にもその知恵がないのです。何か助言は得られないものでしょうか」

「ユーカリです」

「ユーカリは、オーストラリアの南西部からニュージーランドのタスマニアなどを原産地とする樹木です。その最大の特徴は、植樹してから成木になるまでの時間が五年もかからないということです。ユーカリよりも成長のはやい樹木は他にありません。この木は乾燥地でもよく育ちます。と申しますのも、ユーカリの根の深さは、成木になると地表の高さの三倍ほどにもなるのです。

この根が地中に張りつめて、ヒマラヤ山系から流れる伏流水を堰き止めます。伏流水を吸い上げれば、乾燥地を緑地に転換させることができると私は考えます。ヒマラヤ山系からの伏流水の最も多い地域を選んでここにユーカリを植樹すれば、五年ほどでユーカリの根による伏流水のダムが地下にできる、と私は予想しております。堰き止められたダムの周辺に水が供給されれば、米や麦や野菜、芋類などの増産が可能となります。その上、ユーカリの成木は、木材として、さらにはパルプの原料として商品化することもできます」

ピラトは、必死に語る龍丸のこなれていない英語にじっと耳を傾ける。

「それではユーカリをどこから手に入れたらいいのでしょう。何よりユーカリを植える場所はどこがよいのでしょうか」

「ニューデリーからアムリッツァルに向かう国際道路は、ヒマラヤ山系とほぼ平行して四七〇キロメートルにわたって走っています。あのヒマラヤから無数の伏流水がこの国際道路沿線に向かって流れているはずです。道路の沿線の両側に四〇メートル間隔で一本ずつのユーカリを植え、二〇メートルほどの幅の街路樹林帯を造成するという案です。まずは四〇キロメートルの長さでやってみてはいかがでしょうか。うまくいけばこれをさらに延ばして、国際道路の全体に樹林帯を延長する、というのが私の提案です」

「そうはいっても、苗木の購入資金や農民への支払いはどうしたものか」

ピラトの悩みは深い。総督と直々にこうやって会見する機会など、またいつやってくるかわからない。龍丸は一歩でも前に出なければと思いを定める。

「わずかでよろしければ、私が何とかしてみましょう。見通しがついたところでまた連絡申し上げます」

ピラトは立ち上がって龍丸の手を固く握りしめた。

この時、龍丸は資金調達についてはもう決意を固めていた。父・泰道から龍丸に相続されていた福岡県香椎の杉山農園の売却である。

杉山農園を開園したのは興亜主義者の祖父・杉山茂丸である。龍丸は自分のこの決断は、祖父の茂丸、茂丸の遺志を継いで杉山農園を守り拡充した泰道の遺志に違うものではない、と考えたのである。

総督府を出る。乾季のパンジャーブ州の空には一片の雲もなく、ひたすら青かった。〝龍丸よ、ここはお前の考えているように行動せよ〟という、茂丸と泰道の声が深い空の向こうからかすかに響いてくるように感じられた。

ピラトの決断も速かった。パンジャーブ州の道路開発資金の一部に杉山農園の売却資金を乗せて、早くも翌昭和三八（一九六三）年の初めには、オーストラリアからユーカリの苗木を輸入、沿線の農民の協力を得て植林が開始された。苗木の生育は驚くほどはやく、一定の大きさまで育ったところで枝を剪定して挿し木にすると、これがまた急速に育っていった。

昭和三九（一九六四）年から翌年までの間に当初の予定通りにことが進んだ。

龍丸の予想はあたった。四〇キロメートルにわたってユーカリが深く根を張り、地下で伏流水のダムをつくり、沿線のあちらこちらのワジに水が溜まり、そして地表を流れ始めた。水量の豊かなところでは水田が、次いで麦畑が、水のわずかなところでは根菜や芋類などが収穫できるようになった。農民の増産意欲が高まっていくのをみて、龍丸の胸は高鳴った。全長四七〇キロメートルまで達するにはまだまだ時間がかかるが、後は農民が努力さえすれば、食料増産、地価上昇、商品作物化による所得向上により、この植林運動はいずれ自律的な運動に転じていくことになるのではないか、予想が一部ではあるが的中して、龍丸の気分はいつになく高揚していた。

「あなたのような日本人は初めてです」

龍丸は一〇年ほど前、台湾で磯永吉に会ったことがある。昭和三〇(一九五五)年の一一月、農薬や農機具の製造工場を台湾で経営してみようと思い立ち、取引先を営む台北の義弟の商店の二階を借り、ここをベースに、台北はもとより台中、台南、高雄(たかお)、屏東(へいとう)などの稲作状況、土壌、気象、単収を調査したことがあった。

台北を出発、台湾島を一巡して台北に戻ってきたところで、

「そういう調査であれば、何より磯永吉先生にお会いして話を聞いてみるのが一番ですよ。磯先生なら、私も多少は知っておりますので連絡してみましょうか」

台湾統治時代の総督府の技師であった磯がなぜまだ台湾にいるのか不思議だったが、磯永吉という名前は龍丸もよく知っていた。高名な磯に会えるのならともかくも会っておこうと考えた。当時の磯は中華民国台湾省農林庁技術顧問として勤務していた。

「杉山龍丸という人物が、農薬や農機具製造の事業をやりたいと、目下、台湾の農業関連の調査をこなしているんですが、誠実な人物です。一度会ってやってほしいのですが」

農林庁の顧問室を訪れた龍丸を大きな体の磯は迎えてくれた。会うなり、磯はこういう。

「日本は五〇年余りも台湾を統治し深い関係を築いてきたのに、日本人は誰も台湾のことに関心を寄せてはくれません。あなたのような日本人に会うのはここ一〇年で初めてですねえ。あなたの知りたいことの資料は自宅の方においてありますので、今夜でも結構です。拙宅にいらっしゃいませんか」

自宅の住所をメモに書いて渡してくれた。龍丸はその夜のうちに磯の自宅を訪れた。

「あなたは杉山茂丸さんのお孫さんですよね。ご祖父の令名は私もよく知っています」

自分からはいい出しにくい出自のことを、磯の方から切り出されて龍丸は磯に親しいものを感じた。

「あなたが必要な資料なら私の書斎にほとんどおいてあります。明日からここに通って写し取ったらどうでしょうかね。家の者にもそう伝えておきますので」

磯は、謄写版で印刷された一冊の糸綴じの本をもって書斎から出てきた。

「これはね、私が同僚の末永仁(めぐむ)さんと二人で二〇年近くをかけて、ようようにして生まれた蓬萊米の生成史です。杉山さんにご関心がおありかどうかわかりませんが」

本をもつ磯の手がかすかに震えている。

「この本の執筆に精根を傾けておりましてね。どういうわけか、その間に、軽度の脳溢血に襲われましてね。いやいや、もう回復しておりますのでご心配なく」

あまり長居はどうかとも思う。

「今夜はおいとまします。それでは、明日からしばらく先生の書斎に通わせていただきます。奥様にもよろしくお伝えください」

磯の書斎に通う日がつづいた。しかし、蓬莱米についての関心は、龍丸にはまだその時にはなかった。

ユーカリ樹林帯

インド・パンジャーブ州でのユーカリの植林、伏流水の地上への流出によって、米、麦の耕作も比較的順調に進められた。実際、入手した米国航空宇宙局（NASA）の人工衛星ランドサットの写真でみても、インドの北方を東西に走るヒマラヤ山系に並行するニューデリーとアムリッツァル間の国際道路の北側は濃い緑で覆われ、植生が変化していることが確認できた。

しかし、この頃を見計らうかのように、インド全域で大規模な飢饉が発生、無数の餓死者を出したという惨劇のニュースが、福岡の「国際文化福祉協会」で執務する龍丸に伝えられた。同協会は日本でインド救済のための同志を糾合する目的で龍丸が設立した慈善団体である。龍丸はいてもたってもいられない気分に陥り、ともかくも惨状を自分の目で確認しようと再度のインド訪問を思い立った。

ビハール州が最も酷い状況だと伝え聞き、まずはそこに向かう。ビハールといえば、旱魃（かんばつ）による飢饉がしばしば起こる地域として知られる。龍丸も前回のインド滞在中にこの州を訪れたことがある。英国のインド支配の時代、一八七三年から翌年にかけて、ビハール大飢饉として知られる、州を全域的な規模で襲った飢饉では周辺諸州を含めて二〇万人以上の餓死者を出した、という事実を龍丸は知っていた。

州都パトナからラジギール、ブッダガヤと釈尊が悟りを開いた仏教の聖地をみて回った龍丸は、その苛烈な現実に打ちのめされた。ガンジス河に近く、かつては華やかに栄えたであろうこの地域の大飢饉は、顔をそむけたくなるような酷さだった。ガンジス河から辛くも細く水が流れてはいるものの、この地域は見渡す限り四方の地平線にいたるまで完全に乾き切り、砂漠のような光景が延々と広がっている。灼熱の大地から幾条ものを砂塵の柱が天に向かいくねっている。

太陽が落ちる頃になるとその残光の中を、砂塵が紫色から赤茶色に変じながら不気味な唸り声を響かせている。夜の帳（とばり）が下りると風は止み、漆黒の闇の中からガンジス河を下る船にちらちらと灯る明かりがみえる。餓死者を運び出す船上の担架の四辺に灯された魔除けの灯のようだ。目を凝らすと何百もの灯が点々とみえる。

ビハール州は、もう三年も連続して雨がまったく降っていない。水が地表を流れるはずもない。ヒマラヤ山系から流下する豊かな水のすべてが、ビハール州の地下四〇メートルから五〇メートルの地下層に潜り込んでしまっている。森林はいくら眺め回しても目に入らない。樹木がないために、根を通じて大地の土壌から有機物を供給することができない。

樹木だけではない。草さえ生えていない。草は生えるや、痩せさらばえた牛と山羊が根っこまで争って食いちぎってしまう。牛や山羊の糞は大切な肥料である。糞を固め乾かしたものが人々の唯一の燃料でもある。三年も旱魃がつづくと、この肥料と燃料すら手に入らなくなってしまう。

森林がなければ木炭はなく、木炭がなければ鍛冶屋が鉱石から金属類を精製・加工することができず、金属製の道具が手に入らなくなる。道具はもとより、ビハール州の貧困層の人々の家には包丁さえない。農家の納屋のいくつかを覗いてみるが、鋤（すき）の先端に尖らせた小さな金属片を釘づけしたものがあればまだいい方である。

仏教のこの聖地には、往時、豊かな森林があったはずだ。インダス文明はガンジス河沿岸の森林を切り開きながら生成発展したと史書には書かれてある。釈尊を描く仏教画をみても森は不可欠の背景である。だが、いま龍丸の前には緑はまったくない。どうしてなのか。ブッダガヤの大菩提寺は、煉瓦構造の建築様式で豪壮な姿をなお残している。中小規模のものであれば、菩提寺は無数といっていいほどビハール州の全域に点在する。これらの寺院群を建立した時に、膨大な量の煉瓦を火で焼いたために周辺の森林が次々と姿を消していったのであろう。人々の宗教への深い信仰がこれほどまでに環境を手酷く破壊してしまうものかと、龍丸はその不条理に慄然とする。

餓死者は貧困層に集中している。小作農はまだいい方だ。彼らは、地主の土地を耕作して小作料を支払い、その後に残った収穫物を手にする。最も悲惨な人々が、農民に雇用されてわずかに賃金を、多くの場合、現物で受け取って糊口を凌ぐ農業労働者である。もともと人口過剰のインドの中でも、当時は人口密度の最も高いところがケーララ州、次いでビハール州であった。農業労働者の比率はここにおいて最も高い。農村世帯の中でおそらく六割くらいの人々が農業労働者であろう。

三年も降雨がなく、大地が極度に乾燥してしまうこの時期、みずからを雇ってくれる者のいない農業労働者は、炎熱の大地の上に土を固めてつくった穴倉のような家の中にたたずみ、エネルギーの消耗を避け、そして死を待つより他ないのであろうか。農業労働者の多く、おそらくはその半分ほどがかつては不可触賤民といわれ、その後は指定カーストとか指定部族と呼ばれるようになった人々である。

龍丸はビハール州で無数の餓死者をみた。指定カーストや指定部族には、戸籍がなかったり不明だったりする。龍丸が餓死者をみたことは紛れもない現実であるのに、インド政府の国連への餓死者報告はゼロであった。

パンジャーブ州での植林活動の方は軌道に乗ったようだ。まずはここでの成功を期し、これをモデルにしてその成果をインドの他の地域に拡大していくより他ない。幸いにしてパンジャーブ州は飢饉を免れている。ニューデリー―アムリッツァル間のユーカリの植林もまず、三メートル幅のユーカリの植樹帯の周辺には伏流水が地表水となって流れ始めている。

ここに単収の高い改良品種の稲の導入に成功することができれば、道は開かれるかもしれない。よし、今度こそ磯に会って蓬莱米について詳しく話を聞いてみたい、龍丸は痛切にそう思わされた。

「蓬莱米は台湾だけのものではない」

磯は中華民国台湾省農林庁技術顧問を定年で辞し、四五年の長い台湾での仕事を終え日本に帰国していた。周防灘を望む防府に三年間住まい、その後、横浜・井土ヶ谷に転居、ここで老後を過ごしていた。

ガンジー翁の第一弟子の長男で、日本にきて農機具の研究に携わっていたモハン・パリックを同道、龍丸は井土ヶ谷を訪ねた。台湾で会った時に比べて磯は明らかに憔悴していた。これが磯に会える最後の機会かもしれない。

龍丸は磯に訴える。インドの飢饉は自分の想像をはるかに超えている、これを見放しておいていいはずがない。何とかして蓬莱米をインドに根づかせたい。パンジャーブ州の国際道路の周辺にはユーカリが樹林帯となって、伏流水が地上を潤し、水のコントロールは可能だ。

何とか蓬莱米の技術をインドに移植したいのだが、協力してもらえないか。モハン・パリックは押し黙り哀訴の目で磯をみつめる。

それならと磯はいい、一冊の自著を本棚から取り出す。一〇年前に磯の自宅でみせられた、あの糸綴じの分厚い本のことを龍丸は思い出した。

「杉山さん、パリック君、これが今の私にできるすべてのことです。インドの土壌、気象条件、水利状況などにあわせ考え工夫を重ねれば、蓬莱米はインドの米穀生産の拡大に役に立つと私は思いますよ」

震える手でこの書をパリックに渡す。パリックは両手をあわせ頭を深く下げて押しいただいた。龍丸とパリックは夜に日を継いでこの著作を読み耽り、読み終えると愁眉が開かれる思いであった。

まったく思いもかけないことに、ある手紙が龍丸に届いた。インド飢餓救済のために福岡に設立した国際文化福祉協会の事務所で磯の論文の解読に集中していた時であった。

孫文生誕一〇〇年祭に、蔣介石総統の国賓の一人として龍丸を招きたいという招待状であった。龍丸の祖父・茂丸が孫文の日本での活動を支えた重要人物である。日本から招待する賓客としては、孫文の革命を支援した日本人、宮崎滔天の遺児・龍介、柳原白蓮などと並んで龍丸がふさわしいと考えたのであろう。招待状の差出人は何と蔣介石その人である。龍丸の胸は高鳴った。

あった。

龍丸の台湾再訪である。孫文生誕一〇〇年祭は昭和四一（一九六六）年一一月一二日で蔣との接見の時間はごく限られている。簡潔に語るより他ない。握手を求める蔣をじっとみつめて龍丸はこう伝えた。

「私は杉山茂丸の遺志を継承する現在の日本の志士として、インドの貧困救済に全力を注いでおります。磯永吉博士の開発した蓬萊米をインドの貧困救済のために使わせてほしいのであります」

蔣の顔にちらりとした変化を龍丸は感じた。

その夜、日本人招待客の招宴が開かれた。国民政府の政府高官も数多く卓を囲んでいた。挨拶に立った龍丸は、台湾の指導者に次のように語りかけた。

「私はインドの貧困を救うために、現在、パンジャーブ州を中心に治水事業に取り組み、これが成功を収めようとしております。しかし、インドの米作では単収があまりに低い。唯一の救済の道は、蓬萊米の導入にあります。台湾がインドと国交断絶していることは私もよく知っております」

「しかし、蓬萊米は台湾だけのものではありません。アジア独立の志士たちが、私欲を捨てて孫文先生を助けたことが辛亥革命につながったのではありませんか。英国による過酷な支配の軛（くびき）を切って独立したのがインドであります。しかし、経済的な独立は未完です。中華民国の先生方、どうか蓬莱米によってインドを救済していただけないものでしょうか」

汗を滴らせながら着席したところ、円卓の何人かから握手を求められ、少しは事情が理解されたらしいことを龍丸は察知した。

翌日、招宴にも参加していた重要人物の一人、李嗣聰（りしそう）監察院長から急ぎ自分のオフィスに向かうよう連絡が入った。

龍丸は、中山南路（ちゅうざんなんろ）の監察院に急いだ。

「交渉はこれからですが、国連食糧農業機関を通じて二〇トンの蓬莱米をインドに送る意思を蔣介石総統が固めてくださった。杉山さん、おめでとう」

李はそういうではないか。龍丸は緊張から解き放たれ、へたり込みそうになった。李はさらにこういう。

「バンドン会議以来、インドは中国と兄弟のように親しい関係にあって台湾とは縁がない。そのインドに蓬莱米を二〇トンも送ろうというのだから、まことに残念なことだが、その見返りに、貴殿には、今後、六年間の台湾入国禁止の措置を取らざるを得ない。そうしないと、国民党や政府内の指導者にしめしがつかないのですよ。どうか、その約束だけは守ってほしい」

複雑をきわめる国際関係や国内政治上の理由であれば、ここでは確かに承知しました、というしか龍丸には応じようがなかった。

その後、蓬莱米は台湾から国連食糧農業機関へ、同機関からインド政府へ、さらに中央政府からパンジャーブ州へと送られた。

龍丸は、パンジャーブ州のガンジー・アシュラムを拠点に、ニューデリーとアムリッツァル間の国際道路沿いのユーカリ樹林帯の周辺から湧出する水を用いて圃場を、次いで圃場に苗代をつくり、苗代に種籾を播き、育った稲を圃場に植え直し、雑草を抜く、といった一連の作業を逐一指導していった。ガンジー・アシュラムのスシル・クマールの強力な指導のもとで当地の農民は、最初は半信半疑だったが、龍丸やクマールの熱意に動かされ次第に協力的になっていった。

「蓬莱米」の生育ははやく、ところによっては三期作も可能となった。成果に目を見張った農民の増産意欲は高まりをみせた。インド原産地米と蓬莱米の交配を重ねながら三、四年のうちに、パンジャーブ州の国際道路沿いの蓬莱米生産は龍丸の予想以上の成果を期待できそうであった。

やはり蓬莱米がより高い成果をあげるには、インド原産地米との交配実験を引きつづき繰り返さなければならない。スシル・クマールもこの助言を受け入れ、アムリッツァルの近くに農業技術研究所を設立、農業技術者を養成しながら交配実験をつづけ、その成果がパンジャーブ州全域に、次いで隣接するヒンドゥスタン平原の諸州へと広がっていった。

インド政府は、龍丸の業績に対して、龍丸の故郷の福岡に、インドの仏塔の原型であるストゥーパ様式を模した仏舎利塔を進呈することにした。この仏舎利塔は、現在でも福岡県の北西部、玄界灘に突出した糸島半島の妙見山（みようけんやま）の山上に据えられている。しかし、周辺は深い樹木に覆われ、仏舎利塔にいたる道も定かではない。木の根が食い込んで台座が崩れかけ、白壁が剝離し、塔の全体が傾き始めて倒壊してしまいそうである。

龍丸は、戦後日本のアジア開発に偉大なる貢献をなした人物である一方、すでに「忘れられた日本人」となりつつある。昭和六二（一九八七）年九月二〇日、脳溢血により福岡で死去。享年六八。

◆第三章

台湾というフロンティアの夢

海賊集団には絶好の巣窟

日本による台湾統治の歴史を振り返っておこう。

九州の南端から南シナ海を南西に向かうと、奄美諸島、沖縄諸島、宮古諸島、八重山諸島などと連なる。八重山の西端に与那国島が位置する。与那国島と台湾島との距離は一〇〇キロと少しである。台湾島は弧状に伸びる長い日本列島の一部を構成しているかのごとくである。

台湾は澎湖(ほうこ)諸島を挟み一五〇キロメートルほどの距離で中国福建省と対面する。ユーラシア大陸の東端の島でもある。広東省の省都・広州を通り、澎湖諸島、嘉義、玉山(ぎょくざん)を越えて太平洋へとつづく北回帰線が台湾の上を走る。

台湾が「発見」されたのは一六世紀の大航海時代、近くの海域を航行するポルトガル艦船の乗員が豊かな緑に覆われるこの島を眺めて〝麗しの島〟(a ilha formosa) と賛したことに始まる。台湾が欧米でフォーモサと呼ばれるのはこれに由来するという。

ポルトガルによる台湾の発見にいたるまでこの島が世界史に登場することはなかった。わずかに知られるのは、「倭寇」と通称される東アジアを勢力圏とした海賊集団にとって絶好の巣窟であったことである。

それからまもなく、中国の王朝が明から清に代わった。明王朝は台湾には関心がなかった。清王朝はここが反清勢力の拠点となることをおそれ、防御的な関心から台湾に関わった。少なくともその時期までは中国が台湾を自国の領土であり統治の対象だとみなした事実はない。

台湾の歴史登場はオランダによる占領以来のことである。ジャワ島のバタビア（ジャカルタ）を拠点とするオランダ東インド会社の艦隊が台南付近に上陸、ゼーランジャ城（安平古堡）、プロビンシャ城（赤嵌楼）として知られる二つの要塞を構築、ここを欧州とアジアを結ぶ中継貿易の基点とした。オランダは台南の後方に広がる平野部で砂糖のプランテーション経営にも乗り出した。

この間、フィリピンをすでに領有していたスペインがマニラ艦隊を台湾北部に派し、淡水河口部にサン・ドミンゴ要塞（紅毛城）を築いた。先住民の抵抗やマラリアなどの風土病に阻まれて占領は短期間に終わり、ほどなく撤退を余儀なくされた。

オランダによる支配も一六六一年までの四〇年足らずで覆された。「反清復明」をスローガンに清朝に反旗を翻す明朝最後の皇帝・永暦帝の武臣が鄭成功である。鄭は反清勢力の拠点を台湾に定め、オランダを放逐した。だが鄭成功に始まる三代の鄭氏政権も、内紛によりわずか二三年の命脈しか保つことはできなかった。

台湾社会の胎動がここから始まる。

オランダ支配が終わる頃、台湾の人口は二万人ほどだったという。鄭氏政権の時代、清朝による台湾封鎖にもかかわらず、福建、広東からの移住者が急増し、この時代の終わり頃の人口は一二万人ないし一五万人に達したと推定される。台湾封鎖は、「遷界」という強制命令により福建、広東などの沿岸五省の住民に海岸三〇里以内に住まうことを禁じ、「海禁」により船籍の出入港をも厳禁した。しかしこの禁止措置が対岸諸省からの移住者の密航を誘発するという皮肉な帰結を生んだ。

福建、広東は古くから人口過剰地域であった。この地域は省面積のほとんどが山地、残りが河川と分散する水田である。可耕地が狭小である一方、人口圧力の強い地域が福建と広東である。

鄭氏政権の成立により、台湾が人口数に比して耕作地を豊かに擁する地域であることが沿岸住民に広く知られるようになり、多くの人々が生活の糧を求めて海上の天険、「黒水溝（こくすいこう）」と呼ばれる台湾海峡を小舟に身を任せて渡ってきた。台湾の西部平野は、閩南（びんなん）（福建省南部）の泉州人、漳州（しょうしゅう）人、広東の客家（ハッカ）人など、それぞれ言語や習慣を異にする「族群」社会へと変じていった。

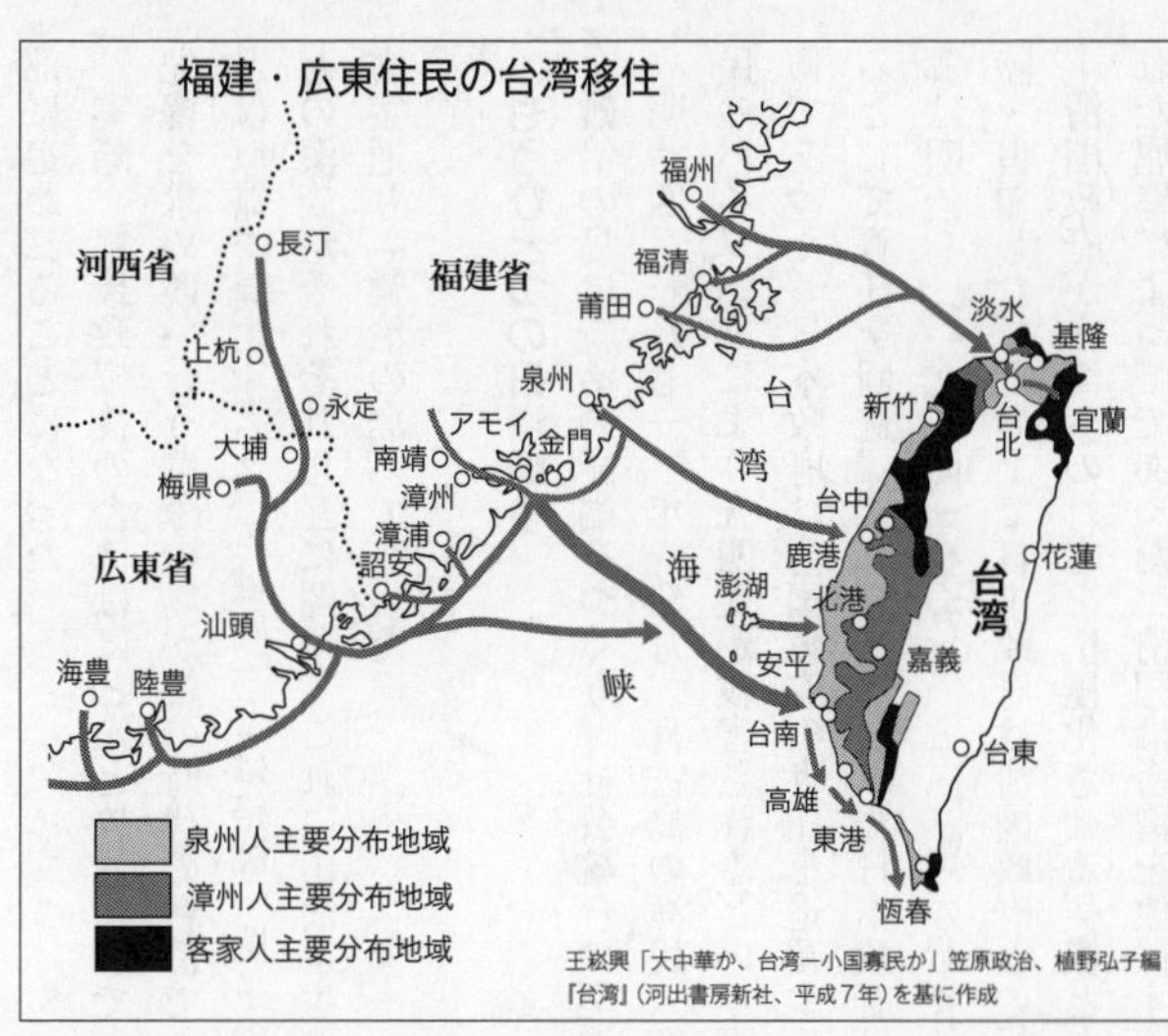

王崧興「大中華か、台湾一小国寡民か」笠原政治、植野弘子編『台湾』（河出書房新社、平成７年）を基に作成

鄭氏政権崩壊後の一六八四年に、台湾は福建省台湾府として初めて清王朝の領有となった。とはいえ、清王朝にとって台湾は「化外の地」であり、皇帝の人徳の及ぶこと（王化）のない「蕃地」であった。反清勢力の拠点となることを阻止するという消極的な目的での領有であり、台湾を開発し経営しようという意図はなかった。台湾への渡航はなおも厳しく制限されつづけた。

しかし、フロンティアを求める福建や広東の住民の移住への意欲にはやみがたく強いものがあり、この間にも台湾の人口は増加をつづけた。それとともに、かつて平野部で生業を営んでいたマレーポリネシア系の人々は「生蕃」と蔑称され、台湾の南北を走る峻険な中央山脈の山間部に追われることになった。

実際、鄭氏政権後の台湾はほとんど放任状態であった。原籍を異にする各族群が耕地と支配権を求め競い合う闘争の場がこの時代の台湾であった。「分類械闘(ぶんるいかいとう)」といわれる。「分類」とは原籍を異にする者、「械闘」とは格闘、闘争のことである。漳州系、泉州系、客家系などの漢族がそれぞれ相互に闘争、これに山間部生蕃と漢族との衝突が加わって往時の台湾は文字通り「難治の島」であった。

もうひとつの日清戦争

難治の島に統治の発端をつくり、社会統合の契機をもたらす要因が日本からやってきた。明治四（一八七一）年一〇月、宮古島の漁民六四人が台湾南部屏東の牡丹社に漂着、先住民のパイワン族により五四人が殺害されるという事件が発生した。この時点で、台湾は清国領であった。日本政府は清国政府の責任を追及するものの、清国は台湾を「化外の地」であるとして責任を回避、これを好機とみた日本政府は海軍中将・西郷従道を指揮官に命じ、西郷は明治七（一八七四）年五月、三〇〇〇名よりなる「征討軍」を率いて台湾南西部に上陸・占領した。その上で日本政府は清国政府との折衝を重ね、賠償金を得て占領を解いた。

清国政府が台湾への対応を積極化させる契機となったのは、日本の台湾出兵により飲まされた屈辱によってであった。清国は台湾を放置することのリスクに初めてめざめたのである。

明治一八（一八八五）年には、福建省に隷属する台湾府を独立の一省・台湾省に格上げ、初代の巡撫（地方長官）として李鴻章配下の洋務派官僚・劉銘伝を赴任させた。劉は「清賦事業」として知られる行政区画整理、人口・土地調査、徴税基盤整備、鉄道事業などに精を出した。

族群間の闘争に疲弊した社会、荒れ果てた耕地に初めて開発と経営の観念を導入したのが劉であった。しかし、長期の政治不在と社会統合の欠如を埋めることは容易ではなかった。劉は巡撫就任後、数年にして発病、失意のうちに大陸に帰還した。劉の清賦事業は、日本の統治期、「児玉・後藤政治」の時代に本格的に花開くことになる。

劉が台湾を去って間もない明治二七（一八九四）年七月、日清戦争が勃発した。李朝時代の朝鮮は清王朝に「事大」（大に事える）し、両国は「清韓宗属関係」にあった。「宗属」とは「宗主国」と「属領」との関係である。李朝も末期にいたるや政争、内乱が頻発、そのたびに清国兵が半島に派遣された。対馬海峡をひとつ隔てる日本は、清王朝と朝鮮との宗属関係を切断し、朝鮮を独立国家として存立させねば日本の安全を保障することはできないと臍を固めて清国に戦いを挑んだ。

日清戦争は日本の勝利に終わった。明治二八（一八九五）年四月、下関の春帆楼で開かれた日清講和会議において、日本は清国に「朝鮮国ノ完全無欠ナル独立自主ノ国タルコトヲ確認」（第一条）させ、さらに遼東半島ならびに台湾の割譲がなった。露独仏の三国干渉により遼東半島は清国への還付を余儀なくされたものの、台湾は、以降、第二次大戦での日本の敗北による「台湾放棄」にいたる五〇年余にわたり、日本の統治下におかれることになった。

台湾は日本の領有となったものの、住民がこれを諾々と受け入れたのではない。逆に、台湾住民の徹底的な反抗に日本は手を焼きつくされた。「もうひとつの日清戦争」であった。初代台湾総督に海軍大将・樺山資紀、民政局長心得に水野遵が任命された。しかし、この時点で、日本は台湾領有のための法令は何ひとつ用意していなかった。台湾領有は日清講和条約によって決まったが、台湾の引き渡しのための手続きを終えるという難事が残されている。

樺山は、李鴻章の養嗣子にして台湾授受全権委員の李経方と、清国艦船「公義号」上で粘り腰の交渉をつづけ授受のための書類に署名、日本軍の上陸となった。上陸地点は台湾東北部の澳底、ここから基隆へと進軍した。北白川宮能久親王率いる近衛師団が日本軍の先陣を切り、台湾防衛軍と戦いながらの進軍であった。

防衛軍は清国兵（兵勇）と台湾人防衛隊（民軍）からなる五万を超える兵員であった。武装兵力に勝る日本軍は抵抗を受けながらも基隆を陥落させ、さらに台北に向かい台北城の無血開城、ついで淡水の占領となった。

台北城内はこの時点で、阿鼻叫喚であった。基隆陥落により敗走した清国兵勇が台湾城内になだれこみ、ここで城内住民の資産強奪・放火・強姦と狼藉の限りをつくし大陸へと逃げ去った。時の清国の台湾巡撫・唐景崧は浮き足立ち、淡水でドイツ汽船に乗りアモイに逃亡した。

台北を中心とする北部が制圧され、明治二八（一八九五）年六月一七日、樺山は現在の中正紀念堂が位置する台北の巡撫衙門で「始政式」を執り行った。しかし、占領されたのは基隆、台北、淡水のみ、台中や台南など南部に広がる地域は未踏のままだった。始政式以降、最後に台南城を制圧するまでの五カ月間、両軍は血みどろの戦いをつづけた。

清国の兵勇はすでに逃亡、残るは台湾人のみの民軍であった。装備に劣る民軍はゲリラ戦法で日本軍と渡り合うものの、結局のところ勝ち目はなかった。台湾上陸から台南城陥落までの日本軍戦死者は三〇〇人足らず、台湾人の犠牲者数は一万人から一万五〇〇〇人に及んだ。当時の台湾の総人口は二六〇万人と推定されている。

日本軍の澳底上陸に先立つ明治二八年五月、抗戦の意思を固めた台湾の士紳（エリート）は、巡撫の唐景崧を総統、邱逢甲を副総統、劉永福を大将軍とする「台湾民主国」を樹立、独立宣言を布告した。しかし、敗色すでに濃く、唐が大陸に逃亡して民主国は崩壊。劉を新総統として再興を図るもならず、劉も大陸に逃亡した。

樺山は明治二八年一一月一八日、「全島平定」を宣言した。だが、住民による抗日武装勢力の激しさはいよいよ増すばかりであった。「平定」とは名ばかり、民軍に変わって「土匪」と称される小規模ながらも屈強な武装集団が各地で日本軍と衝突した。土匪とは土着の匪賊の意だが、掠奪・暴行・盗賊集団がある一方、俠客集団もあり村落自衛組織もあって性格はさまざまである。平時には町民の中に潜んで「良民」を装い、日本軍に隙ありとみるや果敢にこれに襲いかかるという手強い集団であった。

初代樺山資紀、第二代桂太郎、第三代乃木希典の三代総督は、いずれも日清戦争に従軍した赫々たる軍功の陸軍軍人である。明治二八年五月に始まり明治三一（一八九八）年二月までつづいたこの三代の総統時代は、土匪との戦いに明け暮れるものだった。

乃木希典、この名高き軍人が総督に任命された目的は、文字通り土匪の軍事的制圧にあった。乃木は、軍隊、警察、憲兵それぞれ三者に固有の役割を分担させる「三段警備」という戦術をもって土匪を封じ込めようとしたが、不成功。移住した漢族の土匪に加えて、中央山脈の麓に住まう先住民による抗日も相次ぎ、台湾の全土に跋扈する反抗集団の制圧に日本軍は難渋した。

新竹の近くには中央山脈西麓に北埔があり、ここを舞台にした反日武装勢力の大頭目に蔡清琳がいた。蔡は行政府の北埔支庁を襲撃、ついで北埔に住まう日本人のすべて五七人を殺害、後に日本の軍隊と警察により反撃を受け、蔡は九名の首謀者とともに死刑に処された。

この種の事件が全島を巻き込んだ。北部では林火旺、陳秋菊、簡大獅、中南部で簡義、柯

土匪が引き起こした武装抗日事件の数々

『台湾歴史地図 増訂版』（国立台湾歴史博物館・遠流出版公司）を基に作成

鉄、南部で鄭吉成といった大頭目をリーダーとする騒擾がつづき、日本の統治が安定して営まれる目処は立たなかった。

土匪に加え、アヘン吸引が台湾住民の間に常習化していた。「アヘン禍」を駆逐しなければこの島にまっとうな統治をいきわたらせることはできない。アヘンに含まれるモルヒネはマラリアなど熱帯病による苦痛を鎮静・鎮痛する効用があり、往時の台湾では家庭常備薬にさえなっていた。しかし効用は一時的であり、吸引を止めることがついにかなわず常習化している者が多かったのである。常習化により身体衰弱、生気喪失、心神耗弱を招き、ついには死にいたる。「アヘン禍」からの救出は、土匪制圧に勝るとも劣らない難題であった。明治三三（一九〇〇）年の時点で常習吸引者数は一七万人ほど、人口比で六・一パーセントに及んだ。

「旧慣」と「自治」

乃木に代わって第四代の台湾総督に任じられたのは、一代の軍政家、「陸軍省とはすなわち児玉のことだ」といわれるほどに高い声望を得ていた陸軍次官・児玉源太郎であった。

戦争は、もちろん前線での将兵による戦いである。しかし大規模な対外戦争に勝利するには、戦線の後方にいて戦略の全体を練り、これにもとづいて作戦を指導する任務が欠かせない。戦略展開のためには、兵員輸送手段の確保、軍事装備品の調達・補給・整備などの後方支援つまりは「兵站」の確保が重要性をもつ。

陸軍次官・児玉の功績の一つは、この兵站においてみせた水際だった手腕である。もう一つは、戦争に勝利・凱旋する無数の兵士の検疫事業がある。コレラ、ペスト、マラリアなどに罹患した兵士を上陸前に検疫しなければならない。児玉の検疫事業は往時の欧米に類例のないほどの規模と効率性を誇り、列強を賛嘆させた。

児玉は、検疫事業のフロントラインに立つ指揮官として後藤新平を抜擢、みずからの構想を後藤に委ねてこれを成功させた。内務省衛生局長を経験した後藤という、これも一代の官僚政治家の才能を台湾の地で存分に開花させるきっかけをつくったのは児玉である。児玉にとっての幸運でもあった。

この時期、中国は「瓜分（かぶん）」と呼ばれる列強の分割に苦しめられていた。瓜分とは、ウリが地上に落ちてバラバラになることをいう。日本も台湾対岸の福建省に目を向け、ここをいずれ日本の影響圏にしなければならない、そういう動機にも児玉は動かされていた。

「児玉・後藤政治」の始まりである。明治三一（一八九八）年が明けて間もなくのことであった。以降、児玉が日露戦争から凱旋直後に急死、後藤の初代満鉄（南満州鉄道株式会社）総裁就任にいたるまでの八年余、二人は相携えて台湾の統治にあたった。

何から手をつけたらいいのか。まずは土匪の制圧、アヘン吸引者の減殺（げんさい）から始めねばならない。樺山、桂、乃木の三代総督の時期、反抗する武装勢力・土匪との戦いにエネルギーのほとんどを奪われ、台湾開発には何ひとつ成果を残すことができなかった。そもそも台湾というこの島にはいかなる人種・種族の人間が、どういう地勢の中で、どんな習慣で居住しているのか、まずこのことが判然としない。統治を委ねられた台湾の人口・土地調査がいまだなされてはいなかった。

土地・人口調査を開始する一方で、土匪鎮圧とアヘン禍駆逐が火急の課題として迫る。土匪鎮圧、アヘン吸引減殺から始め、人口・土地調査を同時に進行させた。

難題に立ち向かうための権力は、すでに児玉・後藤の手中にあった。明治二九（一八九六）年の「六三法」（台湾ニ施行スベキ法律）により総督は統治の全権を与えられ、台湾は帝国憲法や帝国議会からは多分に独立した独自の「法域」となっていた。

注目すべきは、児玉の統治方針の中に後藤新平の思想が色濃く反映されたことである。後藤は、それまでの苦難の人生の中で培ってきた政治思想を台湾の地で実現しようとした。「旧慣」と「自治」の尊重である。この思想を児玉の中に植えこもうと必死に説いて陽の目をみた。「思想と政治」という観点からして「児玉・後藤政治」はまたとない究明のテーマだといわねばならない。

台湾は「化外の地」として清王朝からは放任され、族群相互の争いが絶えず、アヘン禍のはびこる無秩序社会であるかにみえる。後藤はそうではないと考える。台湾の草の根に分け入ってみれば、「自治自衛ノ旧慣見ルベキモノ歴然タリ」「自治制ノ慣習コソ、台湾島ニ於ケル一種ノ民法」だというのが後藤の見立てであった。統治の主力は軍隊ではなくこれを自治警察に委ね、地方行政の末端部で自治を効率的に運用することが結局は最大の効果をもつ。後藤の政治信条の真骨頂である。

土匪を最終的に消滅させたものは、台湾の旧慣「保甲」と呼ばれる、平均すれば一〇〇戸程度からなる古来の自治的な近隣組織の「復活」によってであった。保甲内に相互監視と連座制を徹底させ、戸籍調査、出入者管理、伝染病予防、道路・橋梁建設などを行い、「壮丁団」と称される自治防衛組織を組成、壮丁団を警察と連携させ土匪の生存空間を消滅させていったのである。

アヘン禍から人々をどうやって解放するか。後藤は「漸禁策」をもって対処した。〃人間は何ものかに依存せずに生きてはいけない〃。貧困と闘争の世界にあっては、人間はますますそうだと後藤は考える。吸引常習者からアヘンを一挙に取り上げれば、彼らは必死の抵抗に出るに違いない。これでは社会は機能しない。アヘン販売事業を総督府の専売とし、専売価格を引き上げ、同時に煙草・酒税をゼロにして常習者の依存の対象を変えるより他ない。

専売のために、販売者は認可した業者のみとし、使用できる者は、「売人手帳」（すでに中毒となっている者だけに与えられる手帳）所持者のみに限定し、アヘンを、漸次、追放することにした。大正期に入る頃までに吸引者数は確実に減少していった。

こうして、台湾の開発に向かうための「初期条件」が整えられていった。

後藤の一世一代の大仕事の開始である。後藤は児玉という権力と権威においてならぶ者なき軍政家を守護者として背後に擁し、横暴に振る舞う軍人の既得権益を奪い、難題を前にひるむ官僚の意気喪失を叱咤し、有能な人材を本土から次々と抜擢、彼らの才能をフルに発揮させ、唸るような勢いで台湾の開発に向かっていった。後藤の台湾総督府民政長官の時代、その期間はわずか八年と少しであったが、一社会が、一つの植民国家が、これほどの規模と速度をもって開発に向かっていったという歴史的事例は他にない。

台湾銀行設立、土地・人口調査事業、徴税基盤拡充、縦貫鉄道建設、鉄道の南北起点の基隆・高雄の築港、糖業発展などがいずれも後藤の時代に構想され、そのほとんどが後藤の民政長官退任前に完成の域にまで達した。

これら事業に要する膨大な資金は、そのほとんどを本土からの国庫補助、ついで台湾銀行引き受けの公債に依存していたものの、明治四二（一九〇九）年には公債募集金を、明治四四（一九一一）年には国庫補助金をゼロとすることに成功した。諸プロジェクトの自立的運営が、遅くともこの時点までに可能となっていたのである。

後藤が台湾を辞したのは、児玉が死去した年の明治三九（一九〇六）年であった。二人はそれぞれ統治成功の確信をもって台湾を後にしたのであろう。この二人については第六章でもう少し述べることにしよう。

不作、豊作は天の采配

「蓬莱米」の話に戻る。

水の安定的供給のメカニズムなくしては、長い労苦を経てようやく実現した画期的な改良品種の蓬莱米も、これを本格的に普及・拡大させることは容易ではない。

蓬莱米とは、先にも記したように台湾の在来種に比べて、草丈が短く、収穫前に倒伏せず、植えられた稲が均一に発育して、出穂(しゅつすい)が揃い、かつ一株の穂数と一穂の着粒数が多く、病虫害への耐病性も強い、といった優れた性質をもつ品種である。

これらの性質を現実に発揮させるには、水を必要な時期に必要な分だけ正しく圃場に流してやることが必須の条件である。そのためには耕地を平坦に整備しなければならない。

改良品種は、肥料を適切に与えればそれに感応してより多くの実をもたらす、「肥料感応度」の高い新種である。これは台湾のもう一つの重要産業である糖業の原料、サトウキビでも同様である。それゆえ、改良品種の普及・拡大のためには、与えた肥料を稲に効率的に吸収させることが必須の条件である。河川から氾濫した水や天からの雨水のみに頼った自然農法では、肥料は水の勢いによって勝手に流れてしまい、多肥多収性の改良品種は何の成果も残せない。水の安定的な供給メカニズムをつくり出さねばならない。

堰堤(えんてい)(ダム)、護岸、放水路、溜池などの建設、つまり水利事業、圃場への給水を人工的に制御するための灌漑事業が欠かせない。台湾総督府も、品種改良努力と水利灌漑事業をほぼ同時に展開しなければならなかったのである。

末永仁が台湾に渡り嘉義農場に着任したのが明治四三（一九一〇）年、磯永吉が台湾総督府の台北農事試験場へ赴任したのが明治四五（一九一二）年であった。後に述べる八田與一を加えると、後に台湾農業の発展史上に高い声望を残すことになるこの三人の渡台がほとんど同時期であったことは、米の品種改良事業と水利灌漑事業を同時に進めねば水稲栽培の成果を手にできないという総督府の認識を、まごうことなく示している。

北半球で日の出から日の入りまでの時間が最も長い日が、夏至である。夏至の日に太陽は北回帰線上を通過する。台湾は北回帰線上に位置し、嘉義から入って花蓮に抜ける。回帰線上の北側と南側では気候が異なる。北部は亜熱帯気候、南西部は熱帯モンスーン気候に属する。北部と南西部とでは降雨量が大きく異なる。北部は一〇月から翌年の三月までが雨季である。この六カ月間は、台湾の北東から吹いてくる穏やかな季節風の影響により、日本の梅雨期のような細やかな雨が静かに、終日、降り注ぐ。

対照的に、この時期、台中、嘉義、台南、高雄などの南西部では干天の日がつづく。ところが、五月に始まり九月にいたるまでは猛烈な降雨となり、雷雨や暴風をともなうこともしばしばである。南西部は、極端な乾燥季と降雨季が交互にやってくるという雨量の季節的な偏在を特徴とする。しかも、降雨の時季と雨量は年によって変動が著しく、播種、田植え、作付け、収穫の全過程を安定的に営むことが難しい。

台湾は高温多湿の南洋である。それゆえ、水稲二期作の適地が多いようにイメージされるが、北回帰線の南では一〇月から三月まで乾燥季がつづいて、二期作は不可能である。五月から九月頃までの雨季に、年一回の水稲栽培が辛うじて可能である。雨季であっても降雨少量の年があり、米作は困難をきわめた。南西部の米作栽培の中心地は台中、嘉義、台南、高雄である。この地域の圃場は「看天田」と呼ばれてきた。豊作も不作も天の采配次第で、人為ではどうにもならない。後に、「嘉南大圳（かなんたいしゅう）」と呼ばれる台湾の一大穀倉地帯となる嘉南平原は、往時にあっては看天田そのものであった。

乾季の南西部は荒涼たる平原である。土壌は干上がり固まって、鋤によって耕起しようにも歯が立たない。逆に、雨季には河川の氾濫と闘わねばならない。

台湾には、島の東部を南北に走る五つの中央山脈、標高三〇〇〇メートルを超える山々が二五六峰ある。玉山山脈の最高峰、日本統治時代に「新高山（にいたかやま）」と呼ばれていた玉山の標高は、三九五二メートルである。中央山脈は台湾島最大の脊梁（せきりょう）である。この島は険峻な中央山脈によって東西に分断されている。

雨季の大量の雨は、一方では分水嶺から平地の少ない東部に一直線に流れて太平洋に注ぐ。他方、分水嶺から南西部に向かって流れる降雨は急峻な山地を流れ落ち、平野を奔流、満水となって氾濫し田畑を埋没させてしまう。河川の氾濫は、しばしば嘉南平原を荒野へと変貌させてしまう。

ひとたび洪水となれば、水の流れは支離滅裂に乱れて、本流と支流の見分けがつかなくなる。台湾の最大河川、嘉南平原の最北端の濁水渓にいたっては、山脈の裾野から平原までの距離が数キロである一方、洪水時の河幅は四〇キロにも達する。激しい浸水によって大量の土砂を運び、耕地を埋め尽くしてしまう。嘉南平原の開発とは、雨季における水の制御、乾季における給水の確保、つまり水利灌漑問題の解決に他ならない。

八田與一の渡台は、明治四三(一九一〇)年、東京帝国大学工科大学土木科の卒業と同時であった。台湾総督府土木部技手として工務課勤務を命じられた。翌年、土木局土木課勤務の間に台湾全土の調査旅行を敢行、総督府に戻るや、浜野弥四郎の下で台南市上水道工事に従事。大正五(一九一六)年には、フィリピン、ジャワ、ボルネオ、セレベス、シンガポール、香港、アモイの調査旅行に出立、帰国後は土木局土木課監査係を拝命、発電灌漑工事の担当官となった。

早速、同年には桃園埤圳の設計と監督を命じられた。埤圳というのは、水利灌漑施設のことである。埤は河川水を堰で貯めた貯水池、圳は田畑に水を引く水路のことである。八田は桃園埤圳の建設が軌道に乗り始めた大正六(一九一七)年、発電ダムの建設拠点を求めて急水渓調査に従事するというもう一つの任務を与えられた。

急水渓調査の行程で、八田は急水渓とは別に、南西部に広がる嘉南平原の水利灌漑が台湾農業の発展にとって決定的な重要性をもつことを認識させられた。

総督府に願い出た上で嘉南平原の水利灌漑の本格的調査活動に精力を傾けた。この地の測量調査のために部下八〇名を動員、測量結果に精細なる検討を加えて、嘉南平原の事業計画案、これに要する予算案を作成して土木局長の山形要助、民政長官の下村宏、総督の明石元二郎の許諾を得た。帝国議会の承認も得られて、大正九（一九二〇）年に世紀の大プロジェクト、嘉南大圳の建設が開始された。

嘉南大圳の最北端を流れる濁水渓から曽文渓にいたる、無辺とも思われる平原への水供給に成功した。濁水渓ならびに烏山頭ダムから導かれた水を、幹線水路、支線、分線、用水路、排水路の順に最末端の圃場まで供給、総延長水路は一万六〇〇〇キロに及び、台湾全島を一三周する距離であった。蓬莱米の「嘉義晩二号」「台中六五号」の普及・拡大もまた、嘉南大圳の水利灌漑によって初めて本格化していったのである。

未開のフロンティア・台湾

日本の近代工学の草創期に貢献した人物に広井勇がいる。文久二（一八六二）年に生まれ、札幌農学校の第二期生として入学、内村鑑三、新渡戸稲造、宮部金吾らと同期であった。第二期生の指導に当たったのは、初代教頭ウィリアム・スミス・クラークに代わるウィリアム・ホイーラーであった。ホイーラーの人格的・宗教的影響を受けた広井は、札幌農学校を卒業して二年後、私費で単身米国に渡った。留学生としてではない。

ホイーラーの紹介により、ミシシッピ川やミズーリ川の治水工事設計事務所での橋梁設計士、鉄道技師など実践的修業に携わった。米国を離れ、ドイツのカールスルーエ大学、シュトゥットガルト大学で土木工学、水利工学を学んで帰国、札幌農学校工学科の教授に就任。この間、秋田港、函館港などの築港に当たった。広井の名を高からしめた懸案の難題、北海の荒波に向かって防波堤を構築する未曽有の大工事の小樽築港に関わり、小樽築港事務所長として事業完遂のために渾身の努力を傾けた。

この時の広井について語られる一つのエピソードがある。ある夜、猛烈な風浪のために、改修工事中の防波堤の上に設置されていた起重機が倒れそうになったとの報を受け、広井は部下とともに防波堤上に駆けつけ、満身に力を込めて起重機を倒壊から防いだ。その時、広井はポケットに一丁のピストルを忍ばせていた、という。工事に不可欠の起重機を失えば港の完成は遅れ、乏しい予算を割いてくれた国家に対し、またこの工事のために身命を賭して働いてくれる部下に対し許されざることだ、もし倒壊してしまえば自決する覚悟でことに臨んだ、というのである。

小樽港の設計と築港の業績により、広井は東京帝国大学工科大学教授に招聘され、みずからの研究をつづける一方で、門下生の教育を徹底して行い、青山士(あきら)、八田與一、久保田豊など、後に「広井山脈」と呼ばれる俊秀たちを訓育した。

門下生の内面を深く抉ったのは、広井の信念である。その信念を一言でいえば、〝工学とは、数日を要するところを数時間の距離に短縮し、一日の労苦を一時間に止め、そうすることにより人間をして静かに人生を思惟せしめ、反省せしめ、神に祈る余裕を与えるためのものである。工学がこの課題に応えることができないのであれば、それは工学というに値しない〟というところにあった。

徹底した科学的精神とプラグマティズムであり、同時に真摯なクリスチャンとしての信仰心が吐露されている。広井は、札幌農学校の同期生・内村鑑三の強い感化により洗礼を受けた。

内村といえば、足尾銅山鉱毒事件の実態を世に知らしめ、日露戦争に際しては幸徳秋水や堺利彦らとともに非戦論の立場に立ち、戦闘的な無教会主義を唱えて日本独自のキリスト教信仰のあり方を追求した人物である。高崎藩士の子弟として育ったサムライの血を引くクリスチャンであった。しかし、広井は内村の思想に強く感化されてキリスト教徒になったものの、次のような趣旨を内村に語ったという。

〝この貧乏国にあって、国民に食糧を供給できずして、宗教を教えても益はない。俺は工学で身を立てる〟。社会的弱者に対する宗教的信念が、広井の工学の基礎にはあったのに違いない。

八田は、講義や座談の折に広井が垣間みせるこの信念に、自分もそうありたい、そういう人間になるために修養を積もう、と信念を強めた。八田は広井の門下生となって治山治水の勉学に励んだ。卒業に際し、広井は八田に〝地球上のどこであろうとも、その地の庶民、弱者のために献身すべきだ〟と説いた。台湾という未開のフロンティアに身を投じる決意を八田に促したのは、広井である。

「人類ノ為メ　國ノ為メ」

八田に、海外でのフロンティア開発に乗り出すべしとの決意を促した、もう一人の人物に広井門下の青山士がいる。青山は東京帝国大学工科大学卒業と同時に、単身パナマ運河の建設に携わる決意を固め、広井の米国留学時代の友人コロンビア大学のウィリアム・バア教授への紹介状を携えて、単身、渡米。日本人でただ一人、パナマ運河工事に参加した。

青山の奮闘は、実に凄絶であった。パナマのジャングルに奥深く入り込み、テント一枚の部屋での生活、日がな一日、測量の仕事に携わった。ジャングルの一本の巨木を切り倒すこと自体が大変な労力を要し、体力を消耗した人間がこの地に猖獗（しょうけつ）するマラリア、黄熱病などに罹患すれば死は呆気（あっけ）なくやってくる。

青山の属する測量グループの測量士、工夫は次々と倒れていった。青山自身もある時、原因不明の激しい下痢に襲われたものの、医師はおらず、三、四日、飲まず食わずの仰臥を経て立ち直った。よほど強靭な体力と精神力の持ち主だったのであろう。過酷な仕事が再開された。仕事に身を没入する生来の生真面目な努力が報われて、青山は人夫から測量技師へと昇進。ダム余水吐(ばき)、閘門(こうもん)の設計に従事する専門的技術者として働くことになった。

しかし、運河の完成を直前に控えた頃、意に反して帰国を余儀なくされた。米国のカリフォルニア州で起こった排日移民運動が激化、パナマの地でも日本人の青山は日本から送り込まれたスパイではないかという根も葉もない噂が立ち、多勢に無勢、反論も聞き入れられずの無念の帰国であった。

青山士の手記の表紙　非売品(昭和14年)

しかし、帰国後の青山は、荒川放水路、信濃川放水路工事という、日本の治水事業の中でも難関といわれたプロジェクトを成功に導いた。これらの成功はすべてパナマの地で養われた知識と着想のゆえであったことを青山は後輩たちに語り継いだ。青山は工科大学の卒業生の中でもきらめく存在として語られ、いつかは自分も青山のように海外プロジェクトに参加しようという、フロンティア開発の夢に八田が目覚めたのには、広井と並んで青山の存在があった。青山がパナマから帰国後に任された大事業が、信濃川放水路である。その完工を記念して建てられた川沿いの碑には、

「人類ノ為メ　國ノ為メ」

と記されている。なんとしなやかにも美しい表現であろうか。

台湾赴任後、八田はやはり帝国大学工科大学の先輩である浜野弥四郎の下で働くという好機を得た。東京帝国大学の衛生工学教授として赴任していた「お雇い外国人」にスコットランド出身のウィリアム・バルトンという人物がいた。浜野の師がバルトンである。バルトンは後藤新平の要請を受けて台湾の開発事業にあたり、不衛生きわまりない熱帯、亜熱帯の台湾からの疫病の絶滅に心血を注いだ。台北の上下水道、台中、台南、基隆、高雄、嘉義の上下水道建設を指導したのがバルトンである。

往時の台湾は、ペスト、マラリア、コレラなどの風土病が蔓延し、島民の平均寿命は四〇歳ほどであった。台湾統治の開始に際し、日本軍は「土匪（どひ）」と呼ばれる島内の抗日勢力と戦い五〇〇〇人に近い死者を出したが、戦死者は一六〇人、残りの死者のすべてが風土病の罹患によるものだったといわれる。

浜野は、バルトンに同行して台湾に渡った。バルトンは渡台の三年後に自身がマラリアに罹患、日本に戻って治療に専念したものの、四三歳で死去。浜野は、その後二〇年の歳月を

「都市の医師」として、みずからの衛生工学の全体系を台湾に移植するために尽力した。人間の住める環境づくりに国境はない、という浜野の信念も、八田を嘉南大圳プロジェクトに向かわしめる契機となった。

バルトン、浜野弥四郎の「自利利他」

八田の生まれ育った加賀国、金沢は真宗王国といわれ、日本の中でも浄土真宗の最も盛んなところである。浄土真宗では、西方極楽浄土への往生を願い、極楽浄土を模した阿弥陀仏を祀った仏壇が各家庭に安置されている。親鸞の命日には報恩講が開かれ、僧侶による真宗の教えを聞く御講もしばしば開かれる。

八田は金沢の「八田屋」と呼ばれる豪農の五男として生まれた。生家には一〇畳敷きの仏間があり、その上座のところに一畳ほどの金細工が繊細に施された大きく豪華な仏壇が設えられていた。八田家ではよく親類縁者や近くの人々を集めて真宗の僧侶による御講が開かれ、八田も毎回のようにこれに加わっていた。八田が少年時代から青年時代への人格形成期に、濃い宗教性を漂わせる金沢の地で過ごしたことが、平等という観念を深く彼に植え込んだのであろう。

真宗には「自利利他」という四字成句がある。自利とは、みずから仏道修行の努力によって功徳を得ることであり、利他とはその功徳を他の人々の救済のために使いつくすことである。この二つをともに完全に行うことが仏教の大乗(だいじょう)の理(ことわり)に沿うことだといった意味合いである。八田の嘉南大圳での献身的な行動と思想の中には、そこで生まれ育ち青春期を送った金沢に漂う浄土真宗の宗教性が染み込んでいたのでもあろう。

自利利他という八田の思想は、八田が台湾に赴任して間もない頃に仕えた浜野とその師、バルトンの行動を眺めて一段と強化された。

「何という人物であろうか。自利利他というのはこういうことなのだ」

八田は、浜野の無私、師バルトンに対する無限の愛慕をみつめてそう嘆じた。二三年間にわたり台湾に留まりつづけ、この地の衛生水利事業のことごとくを手がけた、めげることを知らない技師の浜野の下で、八田は二年に満たない期間ではあったが、台南上水道の建設現場で働く機会を得た。この経験は八田には大きなものがあった。浜野はバルトンという献身の化身のごとき人物から徹底的な教育を受け、バルトンの精神に強く背を押されながら、土匪がまだ残存し風土病のはびこる台湾の山中に水源を求めて、歩みをやめることはなかった。浜野は、台湾を去るに際して自分の台湾での仕事の内容を『台湾水道誌』として書き止め、その中でバルトンについてこう記した。

「顧問技師バルトン氏は、台北水道水源監査に苦心せられ、其(そ)の新店渓上流の調査に当りては炎暑淫雨を顧みず、蕃山深渓を跋渉して好適水源の発見に努力せられしも、不幸中途にして風土病に犯さるに至り、遂に明治三二（一八九九）年八月五日忽焉として客地に長逝せらる。実に衛生工事計画の為め最先最大の犠牲者たらずんばあらず。然れども本島衛生工事施設の基礎は当時既に同氏に依りて確立せられ、現今に至る迄、其の計画を継承し以て之を全島各地に移行しつつあるを見れば、氏も亦以て瞑するものあらんか」

浜野は、バルトンの死に断腸の思いを抱きつつ、台湾の主要都市部の上下水道の大事業のことごとくを手がけた。その結果について『台湾水道誌』にこう記す。

「給水計画総人口一三六万人を算し、一日最大計画給水量二一万立方米を超へ、各種諸設備の拡充と相俟つて島民衛生状態の向上に資し、ペスト、チフス、マラリア、アメーバ赤痢、ジストマ等悪疫流行に悩まされたる都市邑落も、今や往時の惨害全く其の影を留めざるに至れり」

浜野の最後の仕事が、台南上水道の建設であった。台南上水道の水源は曽文渓である。浜野から指示を受けた八田の仕事はこの水源の綿密な探索であった。曽文渓に沿うて流れる支流に足を踏み入れ、水量、導水量、水質を調べ、その上で曽文渓から導入する水源地区ならびに浄水地区を選定し、取水、導水、浄水、排水などの水利施設の設計に精を出した。

八田は、曽文渓の水源調査のかたわら、台南、嘉義へと広がる平原地域の地形に関心をもち、曽文渓の水を嘉南平原に供給するにはどうしたらいいのかという疑問をこの探索の過程で抱いた。この疑問は、その後、八田の胸にくすぶりつづけた。浜野の関心は上下水道の建設にあり、嘉南平原の水利灌漑ではない。しかし、八田が浜野から台南上水道事業への誘いを受けなかったとしたら、後の嘉南平原の開発はなかったのかもしれない。

八田與一に白羽の矢を立てる辣腕長官

八田は、台南上水道建設事業での調査力と行動力を買われ、浜野に次ぐ水利の専門家として嘱望される存在となった。民政長官の下村宏は八田を総督府に呼び、台湾のみならず、ジャワ、ボルネオ、セレベス、シンガポール、フィリピン、香港、アモイなど、周辺地域の用水施設建設の現場を視察してくるよう命じた。調査期間は二カ月ほどだった。八田は、比較研究のまたとない機会を与えてくれた下村に深い謝意を述べて旅立った。

下村は、バルトン、浜野、八田の尽力により台南上水道建設の見通しは立ったと判断する一方、内地の米不足が貧困住民の騒動を引き起こすほどに風雲急を告げており、この際、総督府が最大の努力を傾注すべき事業を米の増産へと切り替えた。

下村は、第六代総督・安東貞美に招かれて民政長官となり、その後、明石元二郎、田健治郎を含めて、三代にわたる総督を民政長官として支えるリーダーであった。八田の嘉南大圳の建設は下村という辣腕の民政長官を抜きにして語れない。

下村は歌人としても名をなした。後の第二次大戦での日本の敗北に際して、終戦を託された鈴木貫太郎内閣に国務大臣として入閣した下村は、御前会議でご聖断を仰いだ日の夜、こう詠んだ。

あげつろひ昼より夜へ夜をこめて
　はや仰ぎたり朝の光を

八田が新たに命じられたのは、新竹州西北部の台地に桃園埤圳を建設するという計画の策定であった。桃園台地は台湾北部に位置する。西に雪山山脈を仰ぎ、北を台北盆地、南を新竹平野に囲まれた高台の六万五〇〇〇ヘクタールの平坦な水稲適地である。台地を流れる川の水量が明らかに不足しており、この水量不足をダム建設により解決する方法を探し求めるというのが八田に与えられた課題であった。

水が乏しいために地元住民は古くから所々に溜池をつくり、この溜池からの水を引いて一期作の米づくりをどうにかつづけてきた。溜池の数は八〇〇〇ほどに及んでいたが、いかにも原始的で非効率なものだった。

下村は、大正四（一九一五）年に、官設の桃園埤圳建設計画を発表、総督府土木局は総力をあげて土壌調査、水量調査、水質調査、三角測量に乗り出した。下村が、リーダーの一人として白羽の矢を立てたのが八田である。八田が中心になって桃園埤圳の建設基本計画が作成された。

八田は古い溜池を改修して二四四の溜池を残す一方、新たに台地を流れる淡水渓の上流に着目した。桃園台地の北を流れる淡水渓が、東に大きく蛇行するところに石門水庫（シーメン）といわれるダムの建設を着想した。石門水庫から一六キロメートルの導水路を掘削し、導水路の途中にいくつもの貯水池を造成、この貯水池から二五キロメートルの幹線水路、一二の支線水路をつくり、水路系統の距離を二一〇〇キロメートルとした。海抜一一〇メートルの台地での灌漑農業を可能としたのである。

石門水庫の建設、ならびに幹線水路の掘削、導水路、支線水路の途中にいくつもの暗渠（あんきょ）を造成する難事業は、後の嘉南大圳プロジェクトへの確かな導線となった。

台湾の地政学的重要性

この時期、世界は帝国主義の時代にあった。ほとんどのアジア諸国が欧米列強の植民地、半植民地とされた。この状況下にあって国力を増強し、列強に抗し、南進を志向する日本にとって台湾の地政学的重要性はいよいよ大きなものとなった。台湾を日本の南進の拠点とするという発想が一段と明確になったのは、第四代総督・児玉源太郎の時代のことであった。児玉が後藤新平という、発想力と実行力において無類の官僚政治家を民政長官として同道したのも、後藤の指導力をもって一挙に台湾の近代化を図り、そうしてこの地を日本の南進のための通商・軍事の拠点としようという児玉の壮大な意図のゆえであった。

「南進の政策を完(まっと)うするには、内(うち)統治を励し、外(そと)善隣に努め、可なり国際上の事端を生ずるを避け、対岸清国並びに南洋の通商上に優越を占むるの策を講ずる事」

これは児玉が総督着任後、早々に発出した意見書の一部である。この意思は児玉の後を襲った総督の佐久間左馬太(さまた)、安東貞美、明石元二郎、田健治郎にも受け継がれた。下村はこれらの総督を支えた一代の民政長官である。下村の時代に、台湾は大日本帝国の最南端に位置する確たる存在であることを世界に証す時代に入っていった。

第一次大戦により列強はそのエネルギーのほとんどを欧州戦線に注入せざるを得ず、しかもこの戦争が国力総動員の総力戦であったがために、敗戦国のドイツはもとより戦勝国の英国などを含めて欧州の全体が徹底的に痛めつけられた。ドイツの哲学者オスヴァルト・シュペングラーの著作『西洋の没落』が出版され、欧州の人々を悲観的な精神状況に追い込んだのもこの時期である。対照的に、日本のアジアにおけるプレゼンスは拡大した。

日本は、明治三五（一九〇二）年に英国と同盟を結び、英国の情報提供、資金協力、艦船購入支援などの多面的な協力を得て、日露戦争に勝利することができた。明治三八（一九〇五）年には第二次日英同盟が成立、日英両国は第三国からの攻撃には相互の軍事的支援をもってこれに対応するという攻守同盟へと変貌した。明治四四（一九一一）年には第三次の日英同盟の締結により、ドイツの脅威に対する日英の一段と強い軍事的協力の相互義務が明文化された。日英同盟下にある日本が英国側に立って第一次大戦に参戦したのは当然であった。

戦禍が英国の租借する香港や威海衛に及ぶ場合には、この地域への日本の軍事出動を期待する旨の表明が英国からあった。これに応じて日本政府は、大正三（一九一四）年八月一五日、ドイツ艦隊に対して日本と清国の海域から即時撤退すべきこと、ならびに山東省の膠州湾租借地の清国への還付を条件に日本に明け渡すこと、この二つを八月二三日までの一週間内に返答すべしと最後通牒した。ドイツの無回答をもって日本は同日に対独宣戦を布告。一〇月にドイツ領南洋諸島のマリアナ、カロリン、マーシャルを掌中にし、一一月には青島を攻略、つづいて膠州湾、膠州―済南間鉄道を占領した。

第一次大戦は、日本が列強として頭角を現す絶好の機会となった。井上馨は大正三年八月の提言において、こう主張した。

「今回欧州ノ大禍乱ハ、日本国運ノ発展ニ対スル大正新時代ノ天佑ニシテ、日本国ハ直ニ挙国一致ノ団結ヲ以テ、此ノ天佑ヲ享受セザルベカラズ」

　加えて、井上は同提言において次のようにも語った。

「大正新時代ノ発展ハ、此ノ世界的大禍乱ノ時局ニ決シ、欧米強国ト駢行提携シ、世界的問題ヨリ日本ヲ度外スルコト能ハザラシムルノ基礎ヲ確立シ、以テ近年動モスレバ日本ヲ孤立セシメントスル欧米ノ趨勢ヲ、根底ヨリ一掃セシメザルベカラズ」

「動モスレバ日本ヲ孤立セシメントスル欧米ノ趨勢」とは何か。欧米諸国は、日露戦争勝利後、アジアにおいて強大化しつつある日本を「黄禍」と認識し、これが米国において日本移民排斥運動などの形を取って顕在化したという事実を指す。この趨勢を「一掃」する「天佑」の機会として井上は第一次大戦を捉えたのである。

　大正六（一九一七）年二月には、巡洋艦「明石」と駆逐艦八隻よりなる艦隊の地中海派遣を決定した。日本軍は基地を地中海中央部のマルタ島におき、対独戦において不可欠な連合国軍輸送船団の保護の任にあたり、緊迫の地中海情勢を連合国軍に有利に展開させるのに多大の寄与をなした。

　この参戦により日本は英米仏伊と並ぶ世界の五大国の一つとして認められた。何より日本はこの戦争によって連合国に対する戦略物資の供給基地となった。この戦争で得た貿易黒字により国際債務のすべてを返済し、日本は債務国から債権国へと転じた。経済的力量からいっても日本は確かに五大国にふさわしい条件を整えるにいたった。

第一次大戦の戦闘の舞台は欧州であった。そのためにアジアに進出していた欧米列強はその軍事力をアジアから欧州へと移転せざるを得なくなった。この「空白」を埋めたのが日本である。日本のアジアにおけるプレゼンス拡大の好機であった。台湾はそのフロントラインに位置していた。

◆第四章

困難に屈しない技術者たち

荒涼の嘉南平原

台湾近代化への熱望はいやが上にも高まっていった。

八田與一の陣頭指揮により、桃園埤圳の建設は順調に進んだ。大正六（一九一七）年のある日、石門水庫の工事事務所での執務を終え、さて水庫からの導水路の建設現場に出かけようと、ゲートルを巻いている最中に電話がかかってきた。八田の直接の上司である総督府土木局長の山形要助からである。

山形は明治三一（一八九八）年、東京帝国大学工科大学土木工学科を卒業して台湾総督府に入った。総督府土木局長として高雄築港、日月潭（にちげったん）水力発電所建設などを起案かつ監督にあたり、何より嘉南大圳建設という、当時にあっては目を剝（む）くような八田のプロジェクトの重要性に最もはやい時期から理解を示していた人物である。時に前途を阻む難題の解決に尽力して、八田の嘉南大圳建設計画の推進に大いなる助力をなした男が山形だった。下村、山形があっての八田だった。

山形は八田にこういう。

「頼むなら君にと以前から考えていたのですが、桃園埤圳の建設中だったので控えておりました。明石総督は台湾の電力問題の解決に大変強いご関心をもっておられ、特に日月潭を水源とする発電計画に注目されています。桃園埤圳の方はぼつぼつ部下に任せて日月潭の水源調査を八田君にお願いしたいのだが、どうだろうか。もちろん下村長官も是非君にやらせてはどうかといっています」

桃園埤圳に未練は残る。

山形が高雄築港計画にかねて情熱をもって取り組んでおり、港の浚渫（しゅんせつ）、岸壁増設によってここを米と砂糖の台湾最大の港湾としようという意志を秘めていたことを八田は知っていた。

山形の構想はさらに大きく、高雄港を日本の南進の拠点にしたいというものであった。山形の依頼なら応じねばならない。

高雄築港のためには、現在の発電量では到底間に合わない。大規模な発電計画をどこかで実施しなければと、年中のように山形は語っていた。山形が八田に求めたのは水力発電のための水源地調査だった。山形のいうの

台湾総督府時代の八田與一（金沢ふるさと偉人館提供）

には、自分の調査によれば発電のためには日月潭が、灌漑排水用ダムとしては急水渓が最適だとは思う。しかし、その実現可能性についてはまだまだ探索をつづけなければならない、という。

日月潭は、台湾中央部に位置する最大の湖である。湖の北部が太陽の形、それに南部が月のような形状をしており、この名前がつけられたらしい。海抜七四八メートルの高地にあって水深三〇メートルの豊かな水を湛える景勝の淡水湖である。急水渓は、嘉義を左にみて嘉南平原を流れ、台湾海峡に注ぐ河川の一つである。日月潭と急水渓の二つがどの程度有効なのかを調査してみてくれ、というのが山形の要請であった。

真夏、マラリアの猖獗（しょうけつ）期である。当時、特効薬とされていたキニーネを持参、厚い綿布に防水薬を吹きつけた重いテントを担ぎ、米、味噌、醤油、塩、缶詰などをリュックサックに詰め込んでの行軍だった。地を這うような実地調査である。

日月潭は、山形の想定する量を得るには十分な水量を擁してはいないが、中央山脈に発する台湾最大の河川である濁水渓から引水すれば実現の可能性はある、と八田は山形に調査の結果を伝えた。八田の報告を受け、その後の詳細な調査と予算の裏づけを得て総督府はこれを日月潭電気事業計画として提出、幾多の困難を克服して後の昭和九（一九三四）年の竣工にいたった。

しかし、山形の構想のもう一つ、急水渓に灌漑排水用のダムを構築するのはどうにも無理がある、というのが八田の判断だった。水源を求めて急水渓の支流をくまなく探索したのだが、十分な水量が得られない。その上、急水渓というがごとく、あまりに急峻な地形のゆえにダムの構築は難しい。この八田の判断を山形も受け入れて急水渓ダムの方は断念した。

現地調査の過程で、八田はどうしてこれほどの適地に気づかなかったのかと思わされる、広大な水利灌漑適地の発見にいたった。

急水渓の支流に沿うて中央山脈を下り嘉義にやってきた時のことである。夏も暮れ、初秋に入り干天の始まった季節だった。嘉義の小高い丘に立ってその南に目をやると、荒涼たる平原が限りもなく広がっているではないか。嘉南平原である。

当時、すでに基隆に発し高雄にいたる南北縦貫鉄道は完成していた。この茫々たる平原は何ものか。嘉義で縦貫鉄道に乗り、鉄道が濁水渓を横切るあたりの林内へと北方にいってみる。再び嘉義に戻って、ここから台中へと南下し、八田は車窓から嘉南の地にまるで朽ち果てたように広がる荒野をみつめていた。縦貫鉄道を何往復しただろうか。

嘉南平原には北の林内から南の台南にいたるまで、濁水渓、新虎尾渓、北港渓、朴子渓、八掌渓、急水渓、曽文渓の七つの河川が平原を流れて台湾海峡に注ぐ。雨季には相当量の水を貯めて決壊を繰り返しているのであろう。干天の今は、雑草や葦が猛々しく群生しているだけだ。米作地はもとより甘蔗（サトウキビ）畑もみえない。「看天田」と呼ばれていた十数万ヘクタールに及ぶこの平原に灌漑水を整然と流しつづけることができれば、水稲や甘蔗の適地は一挙に拡大する。河川にかかる縦貫鉄道の橋を渡る汽車のゴトン、ゴトンの音が、八田の心臓の鼓動と共振していた。

同行する部下に問いかけてみる。

「この看天田を水利灌漑によって緑の大地に変えることはできないだろうか。嘉義に着いた時から、私はそのことばかりを考えているんだがね、君たちの考え方を聞かせてもらえないか」

縦貫鉄道の座席の前と横に座る部下にそう語りかけてみるが、嘉南平原の圧倒的な規模の荒涼に目をやりながら、

「そうですね、それにしても規模が大き過ぎやしませんか」

というのが共通の反応だった。

諦めきれない八田は部下を先に総督府に帰し、一人残ってダムの適地を求め歩きつづけた。この辺りにダムの適地があるかもしれないという直感に導かれて、縦貫鉄道の番子田（ばんしでん）駅でおり、曽文渓の険しい岸に沿い上流に向かって官田渓（かんでんけい）にいたり、さらに烏山頭にまで登っていった。

筋肉はこわばり足は棒のようになっていた。少し休むか、と腰を下ろし、水筒で口をそそ

いでいると、その五〇メートルほど先に崩れた煉瓦の構造物がみえる。オランダの統治時代につくられた煉瓦づくりのダムの遺跡の一部らしい。オランダの台南統治は一七世紀の初期、ここにゼーランジャ城として知られる軍事要塞を構築し、その城壁や基礎部分が残されていることは八田も人伝に聞いてはいた。

この不毛の地の民に食を供給するために、オランダも何らかの方法で水利灌漑を試みていたのであろう。いかにも規模は小さいが、いつの時代でも人間の考えることにはそんなに違いはない。オランダの支配者も、ダムの構築の場所として烏山頭を選択したのであろう。煉瓦が散在し、繁る樹々の根が煉瓦に食い込んで原形は留めていない。しかし、これは紛れもなくダムの遺跡だ。疲れが急に消え、何か抑えきれない感情が八田に湧いてきた。遺跡の中に踏み入り、烏山頭に水利灌漑設備がかつて存在したのだという事実を眼前にして、八田の心は大きく動き始めた。明朝の遺臣の鄭成功がオランダに挑んで台南を攻め落とした時に破壊されてしまった、と聞かされていたダムの場所は確かにここである。

「米と砂糖の一大供給地になる」

総督府に帰った八田は、土木局の各部署に保存されている地図を何十枚も借り出し、これを作業机の上に広げる。濁水渓から曽文渓にいたるさまざまな箇所の地形図を頭の中であれやこれやと組みあわせては、想を練る。曽文渓支流の官田渓の上流部にダムを築いて貯水し、これを嘉南平原に流すより他に方法はなさそうだ。

嘉南平原に給水するには、ダムに貯まる水量だけでは不十分だ。曽文渓本流の水を引き入れるより他ない。そのためには烏山嶺に隧道（トンネル）を掘削せざるを得ない。烏山頭ダム、烏山嶺トンネルの構築が不可欠のようだ。

それにしても、嘉南平原に水をくまなく供給するには、平原の勾配が小さ過ぎる。中央山脈の西端を走る麓に何本かの幹線水路を引いて、ここから支線、分線、用水路、排水路など次第に細くなる水路に、わずかな勾配を利用して水を流せば何とかなるか。

もう少し詳しく自分の目で確かめてみるより他ない。八田はリュックサックに飯盒と米、味噌、醤油、それに巻尺、計算尺、大学ノート数冊、キニーネなどの薬を入れ、三角測量器を手にもって台北で縦貫鉄道に乗り、濁水渓から曽文渓まで、林内から台南にいたるすでに繰り返した往復を再三再四やってみる。嘉義で、新営で、また番子田で縦貫幹線をおりては干天の嘉南平原を歩けるだけ歩いた。

名も知れぬ背の低い木々の枝や葦が顔を打ちつけ、これをかき分けての調査だった。数軒の農家が肩を寄せ合うようにたたずんでいる。こんなに干上がった土地でどうやって生計を立てているのか。犬の遠吠えが聞こえてくるが、何だか哀しげだ。飲み水にさえ事欠いているのではないか。

もう夕刻だ。嘉義駅に戻る途中の小さな丘陵地に立って八田は手拭いで顔を拭い、水筒の水を口に含んで顔を上げる。阿里山山脈の向こうに玉山山脈が群青の空を背に大きく屹立している。理由もなく涙腺が緩む。神々しい大自然の中に立つと人間はその中に自分が引き込まれ、透明な存在へと化してしまうような感覚に襲われることがままある。八田も、自分が自然の一部になって自然の中に溶解してしまうような感覚に、しばし茫としていた。

総督府に戻り、地形図を再び作業台に広げ、自身の記録を地図の上に落とし込んでいく。地形図の部分、部分に小さな字と数式を書き込み、烏山頭ダム、烏山嶺トンネル、幹線、支線、分線、用水路、排水路などを線で繋いでいく。自分の着想が次第に一つのまとまりをもっていくのを確かに八田は実感した。

「このあたりで山形局長に話してみるか」

「嘉南平原は台湾の全耕地の五分の一を占めています。ここは曽文渓から濁水渓までの七つの河川の流れる平原です。他の平野部のように小さい面積ではありません。縦貫鉄道の南部に広がる大きな一枚の平原です。この平原には水利灌漑施設がまったくありません。雨季には洪水が、乾季には干天となって水稲や甘蔗は恵まれた地域でわずかに耕作されているだけです。収穫量は少なく、それに収穫それ自体が降雨次第できわめて不安定です」

「しかし、水利灌漑に所を得れば、ここを一大耕作地にすることができます。嘉南平原の農民は平原のことを〝看天田〟と呼んでいるんです。私は何とかしてこの平原に水を引く水利灌漑設備を構築してみたいのです。平原の傾斜をくまなく測量し、この平原のすべてに水が等しく配分されるような水路を掘削したい。米と砂糖の一大供給地になると思います。局長、この一大事業が膨大な人力と資金を要することは、もちろん私とて知らないわけではありません。でも、総督府の総力をあげて取り組んでみる価値は十分にあると思います。竣工すれば、四、五年のうちに収穫増、地価上昇により収支は好転するはずです」

八田ほどの冷静な男が、いつもとは違う何か切迫した口調で語るからには、相当な根拠があるのだろうとは感じながら、山形は八田が手書きでつくった何枚かの構想図を眺める。

「もう少し時間をかけて話を聞かせてほしいんだが。それで水利灌漑面積はどのくらいになるのか、見当はあるのかね」

待っていましたとばかりに八田が答える。

「目算で十万ヘクタールほどが可能です。それに、これから調査を進めますが、最大河川の濁水渓から直接引いた水を利用することができれば、平原全体で一五万ヘクタールくらいはいけるように思います」

「嘉南平原の水利灌漑を、一体どこからの導水で可能にできるのかね。導水が可能だとしても、ダムを築くのに適切な場所があの辺りにあるようには思えないんだが」

「オランダが台南を統治していた時代に煉瓦で構築した烏山頭堰堤の遺跡を、じっくりみてきました。三世紀も前のものですからすっかり倒壊しておりますが、わずかに堰堤跡が残っています。オランダの考えていた構想を自分の頭の中で再構成してみますと、最適の場所は間違いなくあそこだと私は直感しています。烏山頭近くの官田渓を堰き止めれば水量は確保できると踏んでいます」

「看天田」わずかな水を籠で田に注ぐ農民　呉明韞著『嘉南大圳建設工程簡介』（1998年）より

「官田渓だけで水利灌漑用の水の確保ができますかねえ」

「私の構想はまだ不十分ですが、あの曽文渓の水を利用しない手はないと考えます。私の構想を実施するとなれば、おそらく現在進行中の台湾のいくつもの事業の中で一番多くの予算が必要になると思います。烏山嶺に隧道を引いて曽文渓の水を烏山頭の堰堤内に導水するとなると、なおさらです」

山形は、両手を頭に回してふうと息を吐く。今の段階でそこまで考えていたのかと、八田の大胆だが、他方で緻密な思考に感じ入っていた。

「短い調査期間によくそこまで考えましたね。大いに敬服するよ。しかし、何より予算のことがある。下村長官、総督、それに国内の政治家を動かすためには、君の構想をできるだけ多くの人にわかってもらえるように、計画図面を書いて説明も簡略なものをつくってほしい。まだ今日聞いたばかりのことで、私も十分に判断できたわけじゃない。私自身が自信をもって長官や総督を説得する必要がある。一カ月ほどで構想を練り上げてくれないか。もっと細密な調査を積み重ねる必要がありますよ」

「費用のことで一言つけ加えてよろしいでしょうか。公費ですべてをまかなうことは私も難しいと思います。概算はまだできていませんが、一事業にかける予算としては規模が大き過ぎることは私にもよくわかります。

公費節減のために一案があります。この計画が完成すれば不毛の土地から生産物ができ、しかも単収は従来のものよりもずっと高い。蓬萊米が導入を待ち構えています。そうなれば、無価値に等しい農地の値段も上昇します。農民の利益が必ずや上がりますので、受益農民から農民組合を通じて経費の一部を徴収するという手があります」

そこまで考えていたのかと、山形は相好を崩す。八田は心中、一番肝心の山形が賛成と考えているらしいことを察して、総督府の玄関を出た。山形の前で立ちっぱなしで構想をしゃべりつづけ、一度も椅子に座ってはいなかった。総督府を出た八田は、秋天の空を仰いで大きく手を広げた。大事業の始まりが近いことを直感して深く息を吐いた。

山形に話したのはごく大雑把なデザインである。これを計画書に書き落とさねばならない。

烏山頭につくる巨大なダム、烏山嶺トンネル、南北幹線、濁幹線などを地図の上に書き落とし、予想される水量の規模、ダムとトンネルの建設に要する資機材、加えておおよその費用の算定、この作業に八田は二週間ほどぶっとおしで、自分でも信じられないほどのエネルギーを注いだ。現地で撮った写真やびっしり書き込まれた観察記録や数式をもとにしての作業だった。この段階では、まだ八田一人の仕事である。つめるべきところはまだ多い。しかし、ともかく少しでもはやく山形の応諾が得られることを念じ、計画書の作成をひたぶるに急いだ。

計画書が山形を経て下村に渡されるまでを想定して、計画書の原案に近いものがどうにかでき上がった。精根尽き果て、疲労は極みに達していたが、やるべきことはやったという満足感が体を満たした。西門町の行きつけの飲み屋でひとり静かに、しかし相当量の酒を飲み、もう何も考えることなく自宅に帰り倒れ込んで死んだように眠り惚けた。

熟睡の後、早朝の目覚めは爽快だった。この計画が、全部とはいえないまでも、その相当部分が長官によって承認されるのではないか、という自信がその時の八田には確かにあった。

八田から渡された計画書を二日、三日で検討した山形は、これを下村に届けにいった。しばらくして八田は山形とともに長官室に呼び出された。

「不抜の信念があるか」

日露戦争後の米不足は内地において厳しく、米騒動が富山に始まり全国各地で頻発していた。下村は、計画書の通りに建設が進めば、米の増産によって内地の米不足の解消に大いなる貢献となると考えて、八田の起案に賛成のようであった。山形に対する下村の厚い信頼も八田を後押しした。

下村は、官僚としてのエリートコースを絵に描いたようにたどる人物でありながら、歌人でもある。ふくよかなその人柄に八田は遠目から密かに魅入っていた。

「しばらく顔をみなかったが、お元気そうですね」

下村は山形の後に控える八田に声をかける。

「山形君は、八田君の計画を支持するといっています。君に不抜の信念があるのならば、この案を総督府土木局の総力をあげて総督府公式の計画書として練り上げ、できるだけ細密な予算書を付して明石総督に上申します。八田君から一言聞いておきたいのは、君にこの事業を竣工にまでもっていく不抜の信念があるのかという点です」

「もちろん身命を賭しての覚悟をもって仕事に精進します」

この時から下村のいう「不抜の信念」が八田の座右の銘となった。

台湾総督が明石元二郎に代わった。日露開戦を見据え、陸軍参謀本部の情報将校としてロシアのサンクトペテルブルクに赴任、開戦後はロシアにおいてロマノフ王朝と対峙する反体制派を戦略的に支援した人物として知られる。反体制派の反乱幇助により後方から日露戦争の勝利に貢献した人物が明石である。明石総督の民政長官は引きつづき下村が務めた。八田はどんなに心強く思ったことか。

下村に接見して一週間が経った。明石はすでに計画されていた日月潭水力発電所の建設と嘉南平原の水利灌漑については、これを総督府の二大事業として断固進めるべきとの方針を固め、そのことが下村、山形を通じて八田にも伝えられた。

計画の細部まではつめられてはいない。が、これらは関係する部局と部下に任せることにしよう。そう考える余裕が八田には生まれていた。いずれこの仕事が開始されれば数年は他の仕事とは縁を切らねばなるまい。

金沢に帰り、医師の兄・智證（ちしょう）が與一の嫁になら他になしと決めていた、医師仲間の米村吉太郎の一六歳の娘・外代樹（とよき）を娶（めと）った。新婚旅行には日光に二、三日出かけ、金沢を経てすぐに台湾に旅立った。

台北では総督府の前に広がる街路樹を左手にみて淡水河に向かうあたり、日本人の居住地ではない西門町の借家に居を構えた。総督府まで徒歩で二〇分ほどの場所である。周辺は台湾人の商店が並ぶ雑然としたところだ。少しでも早く台湾人のことを知り、買い物にも便利なこの場所を八田はあえて選んだ。

一夜明けて、山形局長のところに出向いた。

「君が帰郷している間に、大変な追い風が吹いてね。君の作った計画案のことがあちらこちらに風聞として伝わったらしい。計画をぜひ実現してほしいという嘆願書が地方庁から総督府に六五通、署名者数にすると一万一五〇〇人ほどが届いたんだよ。農民から地方庁に宛てられた嘆願書はもっと多いらしい。農民の協力は私どもが考えていたよりはるかに多いようなんだ。強力な援軍ですよ。

そんな次第で、本土の政府は補助金を出すことになりそうです。監督はもちろん台湾総督府土木局が務めることになる。工事の方は、受益農民や農民組合が応分の費用を支払うことになったというわけですよ。大変なことだよね。政府は補助金を大正九年から六年間にわたって分割交付するということに決めたそうです。予算措置は第四二帝国議会に提出されることになったという連絡が三日ほど前に入りました」

八田は直立不動の姿勢となった。いよいよ工事計画案の作成に総督府土木局の総力が注がれることになり、陣頭指揮が八田に任された。一世一代の大仕事の開始である。大正八（一九一九）年四月、八田、三三歳の時であった。

台湾の最大河川を利用しない手はない

八田はここで総督府土木技術係兼工事係を拝命、次いで総督府より公共埤圳官田渓埤圳組合設置の認可がおりると、総督府の職を解かれこの組合本部の専任技師として勤めることになった。組合本部が嘉義におかれ、八田は妻の外代樹、四月に生まれたばかりの正子とともども台北からここに移住した。

四月に入るや、開始された嘉南大圳の測量、設計、予算書の作成がいよいよ本格的に開始された。一五万ヘクタールに広がる嘉南平原の給水路、烏山頭ダム、烏山嶺トンネルの測量調査は膨大だった。帝国議会を経て国庫補助を確かに受け取るためには、これら測量調査で得られたデータを設計図に綿密に書き込み、それに要する予算の細目を整えて一〇月までに公式の報告書を総督府に提出しなければならない。与えられた時間は四月から一〇月までの六カ月である。測量調査に従事する人員は、総督府土木局の若者を中心に八〇名とされた。八〇名が烏山頭に設えられたいくつかの調査小屋に泊まりこんで不眠不休の作業をつづけた。

平原測量は、果てしがない。中央山脈に沿い平原の東端を走る濁幹線、北幹線、南幹線の三つの幹線の設置位置を確定し、通流する水量を計画する。平原には七つの河川があり、これを跨ぐいくつもの水路橋を設計しなければならない。幹線から放たれた水を、支線、分線、給水路を経て田畑にまで供給し、最後に余った水を台湾海峡に排水するという一連の水路の設計がこれに加わる。

水を均等にいきわたらせるためには、水路の流量の予測が必要である。そのためには平原の傾斜の測定が欠かせない。三角測量器を担いで測定を際限なく繰り返す。大正八（一九一九）年の降雨期の雨量は幸いにも少なく、測定はどうにか終了できた。測量スタッフの一日の睡眠時間は三時間か四時間だった。測量結果を測量小屋に持ち寄り、これを図面に書き落としていく。

しかし、待てよ。これで一五万ヘクタールは無理だ。台湾最大の河川の濁水渓を利用しないという手はない。五万ヘクタールは可能だと思い付く。しかも濁水渓の水なら、その一部は取水口を設置すれば灌漑水としてすぐに利用できる。

濁水渓は中央山脈の合歓山（ごうかんざん）を源流として平原を流れ、台湾海峡に注ぐ河川である。あまたの支流をもち、流域面積において台湾有数の河川である。源流部で黒色の粘板岩（ねんばんがん）の粉末が河川の水に混ざり、急流であるがゆえに粉末は沈殿せず濁水そのものである。

濁水渓の水は、これをうまくコントロールすれば、取水してそのまま田畑を潤すことができる。粘板岩粉末の堆積により取水が困難とならないよう、効率的な取水口を林内第一、林内第二、中国子の三カ所に分散構築し、堆積粉末の浚渫（しゅんせつ）を容易にしよう。取水されない漏水は、そのまま濁水渓として台湾海峡に注ぎ込ませればいい。三つの取水口から放たれた清水は、濁水幹という一本の水の幹線路に導いた後、平原に静かに流し込むように設定したのである。

取水された水は、粘板岩粉末の混じらない清水として濁幹線から放たれ、まずは斗六（とろく）、虎尾、北港の三郡の田畑を潤すことにした。濁幹線により嘉南平原の水利灌漑に必要な水量の三分の一、五万ヘクタールほどが得られることになる。よし、それでは二つの大事業への挑戦だ。嘉南平原の水利灌漑計画という巨大プロジェクトの最大事業が、烏山頭ダムの建設であり、もう一つが烏山嶺トンネルの掘削である。

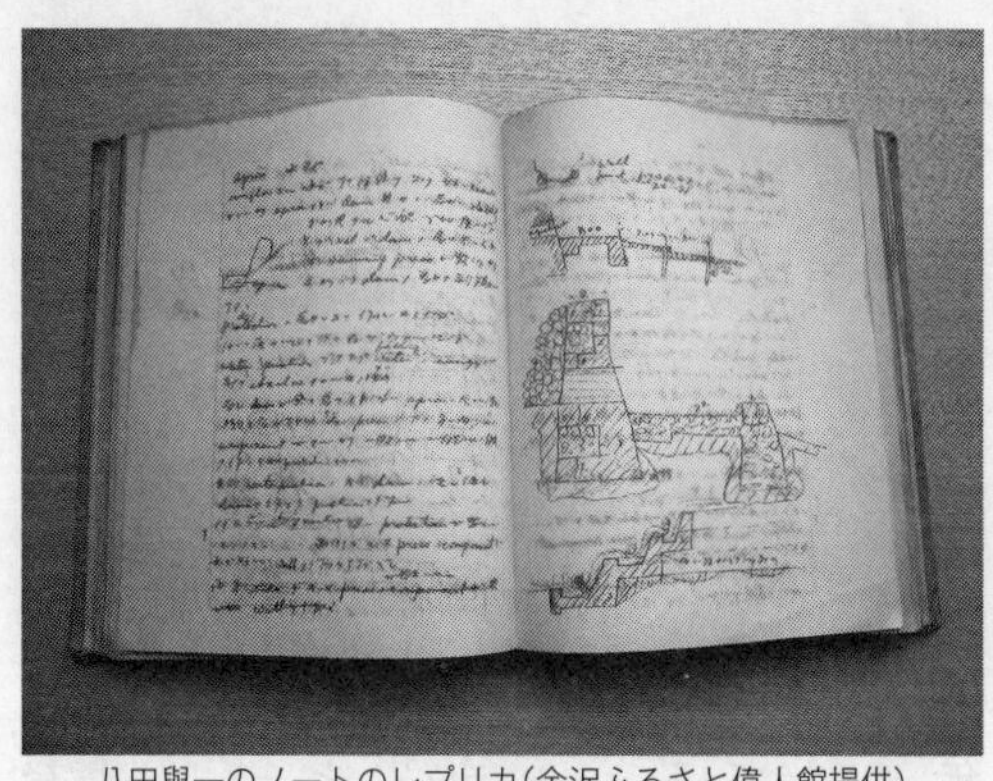

八田與一のノートのレプリカ（金沢ふるさと偉人館提供）

台湾南部を流れて豊富な水力資源をもつ河が、曽文渓である。源流を阿里山山中にもち、複雑な地形の山々を縫って下流するさまざまな支流がある。全体は曽文渓水系と呼ばれる。曽文渓水系の一つに官田渓がある。その上流には樹木に覆われた小さな山々が競い合うように入り組んだ地形の、烏山頭と呼ばれる場所がある。オランダが統治していた時代に構築された灌漑遺跡があったところである。

ここにダムを構築すれば、雨水はもとより、烏山頭の山々に沿って流れるいくつもの河川群から相当量の水が得られると八田は考えた。オランダがかつてここに小規模ながらもダムを築こうとしたのも、その地形のゆえだったのであろう。

完成後の烏山頭ダムを近在の山に登って眺めると、湖の上を山々の頂が、まるで珊瑚が無数に触手を広げているようにみえる。後に烏山頭ダムが「珊瑚潭」と称されるようになったゆえんである。

八田は、烏山頭にダムを構築して一〇万ヘクタールの水量を得るためには、豊かな水量の曽文渓の水をダムに引き込むことがどうしても必要だとみて、烏山頭の周辺をくまなく踏査した。烏山頭の北方に聳（そび）える烏山嶺の頂上にたどり着いた時、前方に曽文渓が大きくたゆたっているのが目に入った。この水を何とか烏山頭ダム内に導水できないか。烏山嶺の直下に総延長三〇〇〇メートルほどのトンネルを掘削して、ここに水を通せばこれが可能となるのではないか。

後に烏山嶺トンネルの建設に関わる大倉土木組のスタッフとともども、地質調査を何度も試みた。地層に石油層が数本走っていて、多少のリスクはある。しかし、曽文渓の水をダムに導水するには、烏山嶺より他に適地はないとの判断にいたった。烏山嶺にトンネルを掘削することを計画に盛り込んだ。

烏山頭ダムは大正九（一九二〇）年九月一日、烏山嶺トンネルは大正一一（一九二二）年六月八日に起工された。

八田工法の独自性

ダムは、コンクリートダムであれ、土砂岩石を積み上げてつくられたロックフィルダムであれ、その重量に耐えられる堅牢な岩盤が不可欠である。人間はどこでも、約一万年以上も前から沖積した砂礫からなる新地層の上で居住している。しかし新地層は軟弱で、この上にロックフィルダムを築くことはできない。沖積土層を掘り込んでいって、地層から四〇メートルほどに達すれば新第三紀層に突き当たる。新第三紀層、はるか遠い時代に形成された堆積岩や火成岩からなるこの堅固な地盤の上でなければ、ロックフィルダムの建設はできない。コンクリートダムという選択肢は八田には端からなかった。台湾はフィリピン海プレート西端に位置する地震多発地帯である。コンクリートダムは地震に弱い。地震によりコンクリートの一部に亀裂が走れば、ダムの全体が一挙に崩壊してしまうリスクがある。地層調査を繰り返し、ロックフィルダム構築法により烏山頭ダムを建設することに決した。

八田が想定した烏山頭ダムの規模は全長一二七三メートル、堤高五六メートル、底部幅三〇三メートル、頂部幅九メートルである。この規模のダムを積み上げるのに必要な土砂岩石などの盛土量は、五四〇万立方メートルと推定された。問題は、これだけの盛土量がどこにあるのか、あるとしてどうやって烏山頭にまで運び入れるかだ。

調査員総出の探索により、意外にも烏山頭から十数キロメートルという比較的近い大内庄の河原に、大量の土砂岩が群居していることを発見した。しかも、ここには、粘土、粘土よりやや粗く砂に近いシルト、小砂、砂利、栗石、大小の岩塊のすべてが揃っているではないか。地質調査に携わった数名の技術者ともども、大内庄の河原でこの光景を目にした時、全員が八田に向かっていう。

「ここですよ、これを運べば堰堤の材料はほとんど揃いますよ」

八田は何と幸先のいいことかとみずからを祝った。しかし、十数キロとはいえ、この土石群をどうやって烏山頭まで運び入れるか。人力でこの膨大な土石群を運搬することなど非効率この上ない。鉄道しかない。

台湾開発の先陣を切って建設が進められた南北縦貫鉄道がすでに明治四一（一九〇八）年四月に基隆―高雄間で全通していた。大内庄の近くには番子田駅がある。大内庄から烏山頭まで軽便鉄道を新たに敷設して、車両を頻繁に往復させることにした。

八田の工法イメージはこうである。蒸気を動力とする大小のスチームショベルによって大内庄の土石群を掘り起こし、これを「転倒式土運車」（エアダンプカー）の荷台に落とし込み、エアダンプカーの数両を蒸気機関車により牽引、大内庄と烏山頭ダムとの間を休むことなく往復させる。烏山頭に着いたエアダンプカーからは、積み荷の土石群を眼下に一気に落とす。ダムは次第に堤高を増していく。堤高が高くなるとともに、ダムの上を走る鉄道軌道もそれに応じて高い位置に組み換え、盛土の全体が所定量に達するまでひたすら単調な土石

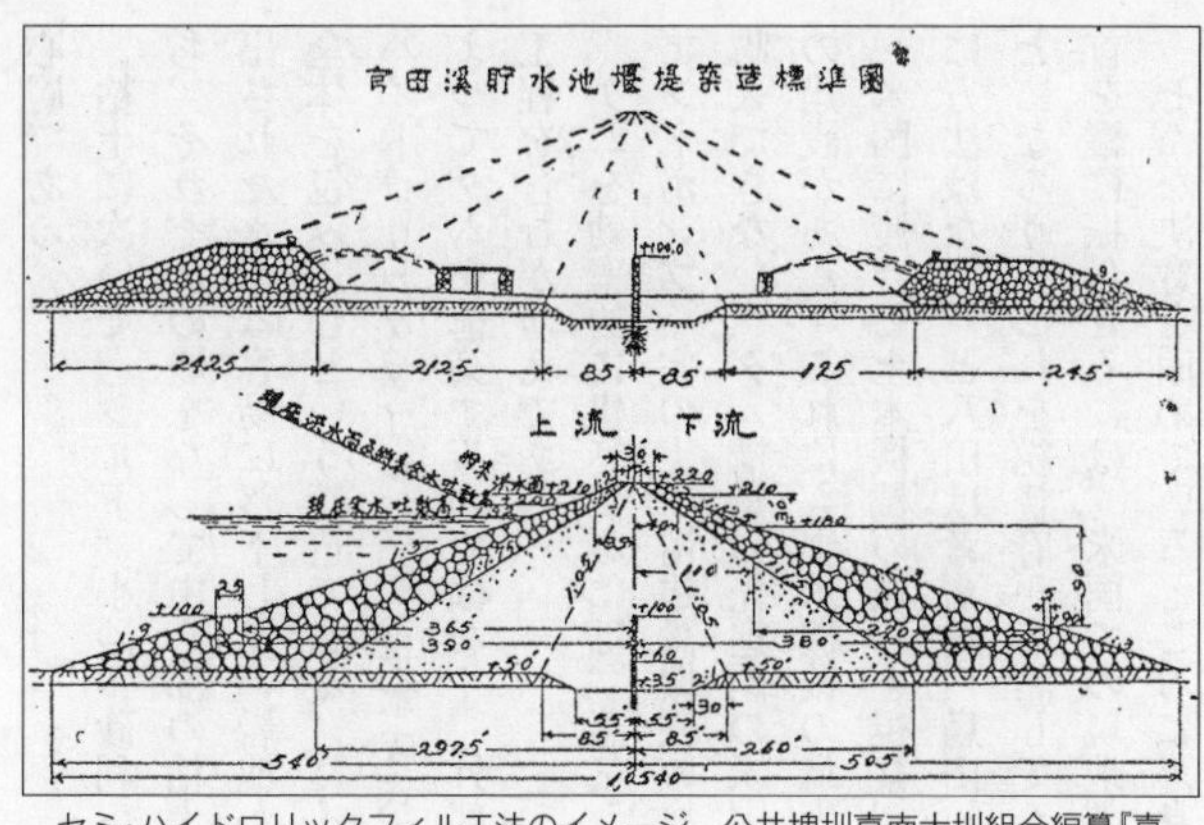

セミ・ハイドロリックフィル工法のイメージ　公共埤圳嘉南大圳組合編纂『嘉南大圳新設事業概要』（昭和５年）より

群積み上げ作業を繰り返す。

ダムは二〇〇メートルの間隔で並行する二本を構築し、最終的にはこの二本を一本につなげる。

八田の構想の独自性は、ハイドロリックフィル工法（水成式工法）にある。二本のダムの中央部付近に設置された口径一二インチの六つのポンプから、四五〇馬力の高圧の水を、左右二つの堰堤に積み上げられた土石群の頂上部分をめがけて噴出する。落下する水の力により双方の堰堤から、まずは粒子の最も細かい粘土が堰堤の中央部分に流れ落ちる。粘土は堰堤の中心部で次第に固まっていって、水を容易には通さない遮水壁となる。中心部のこの粘土質はコア層と呼ばれ、文字通りのダムの核である。当時、このコア層は、「中心羽金（はがね）層」と呼ばれていた。粘土が鋼のように固まって形成される強靭な中心層である。

粘土に次いで、シルト、小砂、砂利へと、粒子の小さいものから大きいものの順に流れ落ち、それぞれの層をなして中心部の粘土遮水層が崩落しないよう外側から支える。さらに噴出された水では容易に落下しない岩塊がフィルター層の全体を外側から覆い、これがダムの全体を包み込むという構造である。ハイドロリックフィル工法である。八田の構想をセミ・ハイドロリックフィル工法（半水成式工法）というのは、完全に水力のエネルギーのみによってダムを構築するのではなく、外部から土石、岩石などを運び入れるというもう一つの工程を含むがゆえである。

ダムを効率的に建築するには、蒸気ショベルカー、蒸気機関車、エアダンプカー、ジャイアントポンプなどの土木用建設機械の導入が不可欠である。それらのほとんどは、日本では購入できない。ダム構築の先進国の米国から購入するより他ない。何より、烏山嶺トンネルの建設がある。これにも土木機械の購入が欠かせない。

米国に渡って土木機械の現場を視察、機械を操作してその実感を確実なものとするより他に方法はない、と八田は考えた。烏山頭ダムの総費用の二割から三割は機械購入に投じることになろう。これを総督府が応諾してくれるか、何より土木局長の山形や民政長官の下村の首を縦に振らせるには、米国での現地調査が欠かせない。

そんな決意を固めているところに、身重の体で家事に精を出す外代樹がいかにも健康そうな次女の綾子を産んでくれた。長女の正子、長男の晃夫（てるお）につづいて新たに生まれた玉のような赤子の誕生は、前方へと踏み出せというシグナルのように八田には感じられた。

山形は八田の米国行きに同意してくれた。

「何といっても大事業ですよ。後になってああすればよかった、こうしておけばよかったという後悔はしたくはないですからね。米国に行って十分な知見を今のうちに得ておくことが必要だと私も考えます。米国行きについては私の方から長官に話しておきます。決意した以上は、出発の準備を念入りにしておいてください。一人では大変でしょうから、蔵成信一君と白木原民次君も連れていったらどうでしょうかね。ポイントは、ロックフィル工法の手順と、工事に必要な土木機械、それにトンネル建設のことも忘れないでくれよ。トンネルの掘削にシールド工法がいいのかどうか、そのあたりがもう一つのポイントだろうね」

蔵成信一は機械係長である。渡米に胸を躍らせていた。すでに八田の烏山頭ダムと烏山嶺トンネルの計画の全容を聞かされた時から、米国で購入する機械のリストアップ作業に取りかかっていた。そのリストと購入価格の概算を記した書類を八田に提出した。

空中移動する削岩機

渡米の許可は、すぐにおりた。八田は蔵成、白木原とともに大正一一（一九二二）年三月、高雄から上海に向かい、そこで英国の汽船に乗船、太平洋を横断してサンフランシスコに上陸、大陸横断鉄道でニューヨーク州オールバニ市の米国土木学会本部に向かう。カリフォルニア州、ネバダ州、ユタ州、コロラド州、カンザス州、ミズーリ州、イリノイ州を経ての三泊四日の鉄道の旅だった。荒涼の原野、山岳地帯、車窓に次々と映し出される大地の原型のような猛々しい景観をみつめながら、横断鉄道に乗る八田は米国人の開拓者魂に心を揺すぶられていた。

オールバニ市は、ハドソン川を望むニューヨーク州の州都である。ニューヨーク市の北方二四〇キロメートルに位置する、大陸開拓の原風景を今に残す街である。出身地を異にする欧州からの移民たちが建てた、ルネッサンス様式、ロマネスク様式、アールデコ様式などの多様な建築物が蝟集(いしゅう)したこの街はいかにも美しく洗練されており、今なお未整備の台湾とは随分と違うなあ、というのが八田の実感だった。

台湾総督府が、事前に八田らの来訪の目的を米国土木学会本部に伝えてくれていた。土木技術者には文化を超えた共通の感覚というものがあるのだろうか、日本のニューフロンティア・台湾で東洋一のダム、トンネル構築に挑もうという八田らの来訪に、米国土木学会の幹部は大歓迎だった。質問にも懇切に応じてくれた。八田の英語はたどたどしかったが、技術用語だけは正確に頭に刻み込まれており、コミュニケーションは正確にできた。

何よりも八田たちを喜ばせたのは、総督府から事前に紹介を依頼していた土木機械製造企業に連絡してくれていたことだった。蒸気ショベルカーはブサイラス社、ジャイアントポンプはシーメンス・シュッケルト社、ショサイアーベンジー社などを紹介され、その上、米国土木学会本部のスタッフが同行してくれた。八田らは、初めて目にする圧倒的な規模と重量の機械に終始目を見張らされた。どうしても手に入れたい機械は、八田の指示によって購入予約をつづけた。米国滞在は半年に及んだ。

　米国滞在中に、八田は新たに烏山頭ダムや烏山嶺トンネル構築の最前線での指揮・監督を担う烏山頭出張所長を任じられていた。八田はこの命により、帰台するや、家族四人で嘉義に移り住んだ。しかし、それも束の間、新たに烏山頭出張所が設置され、八田はその所長として家族を引き連れ、今度は烏山頭に居を移した。

　八田がまず取り組まねばならない大仕事は、烏山嶺トンネルの掘削であった。毎秒五〇トンの水が曽文渓取水口の開渠（かいきょ）を抜け、巻き上げ水門を経て暗渠をくぐり、全長三一〇九メートルのトンネルに入り、もう一つの暗渠と開渠を通って烏山頭ダムに流れ込むように設計された。

　八田の設計構想をもとに行われた工事請負企業の入札では、南北縦貫鉄道や桃園埤圳の建設で高い実績をもつ大倉土木組が落札を受け、烏山嶺トンネルや烏山頭ダムの主要部分を担った。大倉土木組から入札に参加した責任者は、藤江醇三郎（じゅんざぶろう）だった。

　入札の日、藤江は初めて八田に会ったのだが、八田がトンネル掘削に随分と神経質になっていることを知った。同時期、日本で建設されていた最大のトンネル工事が、東海道線の熱海から三島口にいたる丹那トンネルである。丹那トンネルは大正七（一九一八）年三月に起工されたものの、七年と予定されていた工期が一六年に及び、六七名の犠牲者を出す難工事となった。往時、東洋一と喧伝されていた丹那トンネルでさえ、その内径は八・四メートルであったが、烏山頭トンネルの内径は九メートルに設定されていた。推定される導水量を、しかもできるだけはやく得るにはシールド工法しかないというのが八田の考えだった。

シールド工法とは、シールドマシンと呼ばれる筒状の機械によって土の中を少しずつ掘り進め、前方の土砂を削ってはこれをトロッコで坑道外に搬出し、削り取った土壁の崩落を防ぐために土壁にコンクリートを吹きつけながら掘進するという方法である。しかし、当時の土木技術のレベルでは、内径九メートルにもなるトンネルにシールド工法を用いることは難しいというのが、土木技術者のほぼ共通した考えだった。事実、八田が米国に滞在中、オールバニ市の米国土木学会本部でまず問うたのもこの方法の可否であったが、少々リスクが大き過ぎるといわれていた。日本におけるシールド工法によるトンネル建設は、昭和一一（一九三六）年に着工された関門海底トンネルが初めてだった。

最後の確認のために八田は、大倉土木組のトンネル建設の現場責任者となることが決まっていた藤江に対して、丹那トンネルの現場視察と工事関係者との面談のための出張を依頼した。出張から帰ってきた藤江は八田にこう話した。

エアダンプカーによる土砂、岩石の落下作業　呉明韞著『嘉南大圳建設工程簡介』より

「やはりシールド工法は、四メートルから五メートルの口径の隧道なら効率的ですが、一〇メートル近い口径ではリスクがあまりにも大きいというのが、丹那隧道に携わっている技術者たちの考えでした」

八田は藤江とともに、烏山嶺の現場を何度も歩いた。原生林が生い茂り、高い湿度の空気がまとわりつき、汗が噴き出て意識も薄れかねないような過酷な探索だった。二人は寡黙だった。考え抜いた挙句であろう。熟考を重ねた者の結論ははやい。八田はシールド工法ではなく、在来の方法でいくことを決した。

烏山嶺トンネルの起工式は大正一一（一九二二）年六月八日であった。ダム用の蒸気ショベルカー、蒸気機関車、エアダンプカー、ジャイアントポンプに加え、トンネル掘削用の削岩機、坑内ショベル、エアコンプレッサーなどが米国有数の土木建築機械メーカーを通じて購入済みであった。これらが基隆港と高雄港を経て、南北縦貫鉄道で番子田駅へ、そこからは新たに敷設された軽便鉄道で烏山頭駅へと次々と搬送されてきた。

重機械を烏山嶺までどうやって運ぶか。さすが経験を積んだ大倉土木組の技術者である。烏山頭からトンネルの下流部と上流部まで、二四キロメートルの架空索道と当時呼ばれていたロープウェイを建設することを提案、八田の承認を得た。提案されたロープウェイは二四トンの重量にも耐えられる太さである。削岩機や坑内ショベルが空中に吊り上げられ、すると移動するさまを想像して八田は何か夢でもみているような感覚に胸を膨らませた。

トンネルの掘削は、烏山嶺の上流部と下流部の双方から同時に進められた。工期を少しでも短縮したいからであった。三本の導坑を同時に掘進させ、それぞれ数メートルの掘進の後に一本の口径九メートルの馬蹄形の坑道に仕立てるという工法が取られた。穿(うが)たれた坑道には、土圧や湧水からこれを守るために、調合機で練られたコンクリートを吹きつける。切り出した岩石は坑内ショベルでトロッコに乗せ、坑道から外に運び出す。強い土圧でコンクリートが剝がれ落ちる危険性のあるところには、日本から持ち込まれた松の丸太材で崩落を防ぐ準備もした。単純だが、その分だけ忍耐力を要する作業が延々とつづいた。

無間地獄か

口径九メートルの馬蹄形本坑は、坑道の入り口から五〇メートルの辺りにまで掘り進められた。この調子で四、五〇メートル間隔で掘進していけば、総延長三一〇九メートルのトンネルの掘削は確かに成功するはずだと八田は予想して、藤江に激励の言葉をかけた。しかし、大正一一（一九二二）年一二月六日、トンネル下流部の入り口から八〇メートル辺りでガス爆発が起こった。

烏山頭の事務所で執務中、机上の電話で爆発の報を受けた八田は、まさかと思いつつ、急ぎ馬を走らせた。八田は坑道の入り口まで全速力で飛ばし、息が弾み、へたり込むように事故現場にたどり着いた。坑道の入り口から人々の鳴声と嗚咽が聞こえる。

「しまった、迂闊だった。起きてはいけないことを起こしてしまった」

ふんどし一枚で削岩機を操作していた者、ドリルで穴を穿っていた者、岩石をトロッコで搬出していた者、コンクリート壁の吹きつけ作業をしていた者、最低でも五〇名が犠牲者となったと藤江から伝えられる。真っ黒に焼けただれた死体が担架で次々と運び出される。人肉の焦げた匂いが坑道に充満している。

反吐を誘う異臭の坑道に入り、八田は爆発現場を進む。黒焦げとなった死体が同僚の人夫によって運び出されている。五体がばらばらになった肉塊が転がり、爆風で坑道の壁にひしゃげるように張り付いたままの黒い肉片、これが無間地獄かと八田は深い敗北感に打ちひしがれた。

顔を引きつらせ、真っ黒な顔に目だけが鋭く光る多くの人夫が、ただ黙して肉片を拾い集め、トロッコで坑道口に集めている。死は免れたものの、重傷者も多い。傷を負った者は、工事監督者の藤江の指示により、嘉義の病院に担架で運び込まれた。

坑道口に横たわる死体、氏名を判別できない肉塊は筵(むしろ)の上に集め、残る筵をその上にかぶせる。烏山頭の村々に住む家族、人夫の連れ合いが、赤子を負(お)ぶったり幼子の手を引きながら、身内の生死を蒼白のわななく形相で捜し求める。泣き叫ぶ声が嗚咽に変わり、八田は頭(こうべ)を垂れるより他ない。

その夜、八田は烏山頭事務所にひとまず帰った。深い挫折感にまんじりとすることもできなかった。八田は、これまでの人生で味わったことのない深い挫折に打ちひしがれていた。二時間くらいはまどろんだろうか。烏山頭に薄い朝の光が差し込むのを見計らい、八田は再び馬を飛ばし事故現場へと向かう。

もう人夫たちが集まり、死体、肉片の分別作業を終え、名前の判明した者には白地の木綿の布に名前を書いてこれを体に載せ、不明な者は判断のための何か所持品でもないかと探る作業に黙々と取り組んでいた。強い死臭が漂う中で、八田は死体の一つ一つを確認し、線香を手向け、死体の前ではがくんと膝を折り、死体を掻き抱いて無言であった。

事故原因の調査をまずはやらねばならない。遺族への弔問を繰り返さねばならない。八田は前方を向いて走るより他ない。事故調査は地元警察署の担当者を交えて行われた。

山というものは、すべて幾重もの地層が積み上がって形成される。粘土、砂、大小の岩石が層をなしており、これが地殻変動や火山活動などにより地上に隆起してやがて山になる。トンネル工事とは、幾層もの地層を掘り進めることである。掘削機やドリルも地層ごとにその種類や強度を調整する。

長期にわたる断層運動によって粉々に砕かれた岩石が、帯状に層をなすのが破砕帯である。これに出合うことがままある。破砕帯には地下水が混じっていることが多い。この種の破砕帯に遭遇すると、高圧の水が砕かれた岩石と一緒になって噴出する。八田もこのことはよく理解していた。

しかし、迂闊にも気づいていなかったのは、現在ではオイルシェールとして広く知られる、油母頁岩（ゆぼけつがん）層の存在だった。油母と称されるごとく、可燃性の油を含んだ地層である。削岩機が坑道口から八〇メートルの地点にいたった時、これまで経験したことのない大きな油母頁岩層に突き当たり、大量の石油ガスが噴出した。その瞬間に、工事用ランタンにガスが引火、閃光を放ち、轟音とともに巨大な炎となって工夫たちを襲ったのである。瞬時の熱膨張によって吹き飛ばされた工夫の五体がばらばらになり、五臓六腑の見分けがつかない。骨格さえどこの部位のものかも不明なほどの凄惨な事故であった。

八田は大倉土木組の地質専門のスタッフともども、トンネル地層の徹底的な洗い直しに取り掛かった。油母頁岩層は坑道口より八〇メートル辺りの、二メートルの幅の層に限られていた。それに、今回のガス噴出によってエネルギーの大部分が失われたとの判断にいたり、工事は再開と改めて決意した。事故の全容と原因のすべてを、八田は山形局長、下村長官に伝え、総督府の一部にあった設計変更論を退けた。事故が発生したのは大正一一年一二月、再開ははやくも大正一二（一九二三）年が明ける頃であった。

「ハッタダム」の由来

烏山頭ダムの工事も再開された。曽文渓支流の大内庄で発見された粘土や大小の砂や岩塊を大型ショベルに載せ、新たに敷設された鉄道の上で待つエアダンプカーに積載し、これを二〇キロメートル離れた烏山頭まで運ぶ。レールは往復の二車線である。蒸気機関車に連結されるエアダンプカーは一回に二〇両を連結しての搬送であった。もくもくと黒煙を吐いて、静かな田畑、森林の中を鳴動しながら進む。この光景を眺める農民には、陸上を走る津波のように感じられたのであろう。

作業が始まった頃、八田は積荷の岩石の上に乗っかり、この荒々しい車列の行進に興奮していた。手を振る農民に促されて、八田も帽子を取って大きく振る。蒸気機関車の地鳴りは八田を快い力動感へと誘った。

コンクリートコアの造成作業　呉明韞著『嘉南大圳建設工程簡介』より

烏山頭の予定地に着くや、蒸気で強力に圧縮されたエアの力により車両の積荷台が傾き、めいっぱいに積載された粘土と砂と岩石と岩塊が、地響きを立てて二つの堰堤の上に崩落する。この単純作業が延々、雨の日も風の日もつづけられた。二本の堰堤が少しずつ堤高を増していく。

この作業と同時にやらなければならないのは、二本の堰堤の中心部に鉄筋コンクリートコアと呼ばれる遮水壁を建設するという仕事であった。新第三紀層の基盤から上に高さ三・六四メートル、底部幅一・五四メートル、頂部幅〇・九一メートルの鉄筋コンクリートコアを垂直に構築する。文字通りの「コア」であり、完成後の台形のダムの地中の中央に位置し、大量の粘土をこのコアにへばりつかせて、最も重要な遮水壁の中心羽金層となる。

連結されたエアダンプカーからダムに運ばれた

粘土、砂利、岩石を崩落させ、崩落した堆積土の上に、官田渓から引かれた水を五台のジャイアントポンプで限りなく射水する。気の遠くなるほどの回数であった。そうするうちに、二本のダムは、まずは粘土、次いでシルト、砂、小石、岩塊の順序で、これらが中央部に引き寄せられ、一本の堰堤となっていく。

流れ落ちた水は排水しなければならない。八田は、中心コンクリートコアを囲む粘土層の遮水壁の真下に排水暗渠を、遮水壁の左右の砂のフィルター層の底部にも二つの排水暗渠を掘削して、堰堤の外部の官田渓に排水するよう設計していた。フィルター層は砂から構成される文字通りのフィルターである。このフィルター層を通して水は暗渠からダムの外へ大量に流れ出るという設計であった。これも設計通りに進んだ。

総督府によって烏山頭ダムの問題点を指摘するよう求められて、ここを視察、八田とも議論を重ねたのが、米国土木学会の権威、ジョエル・ジャスティンであった。烏山頭ダムは、大略、八田の計画通りに進めることにジャスティンも同意した。しかし、問題があるとすれば、中心コンクリートコアが低過ぎて、遮水が不完全になりかねないという点だとジャスティンは総督府土木局に対して指摘した。

地震多発地帯の台湾でダムを構築する場合、中心コンクリートコアが高いと地震でコアに亀裂が入り、これが原因となってダムを崩壊させる危険性がある、というのが八田の考えだった。ダムの水位が上がり、ダム内部の地下水位も上がって、ダム内の水の飽和度が限界に達すると、高いコンクリートコアであればこれに強い圧力がかかってひび割れを起こし、ダムが崩壊しかねない。八田が恐れていたのはそのことだった。ダムに浸潤する水は、高いコンクリートコアで遮るのではなく、むしろ逆に低いコンクリートコアの真下と左右の排水暗渠に導いて水をダム外に逃してやる。そのことによって堤体の安定性が保たれるというのが、八田の独創であった。

実際、このために八田はダムの浸透水量を、ダムの場所ごとに何度計測したことか。ジャスティンも最終的には八田の主張に同意し、浸透水量のその後の経過を米国土木学会に随時提出することを条件に、八田の構想の全体に賛同して帰国したという。烏山頭ダムが、後に「ハッタダム」として米国土木学会でも名を馳せるようになった最大のポイントがここにあった。

中心コンクリートコアの左右におかれたジャイアントポンプからの、ひたすらつづく高水圧の噴水により、約二〇〇メートルの間隔で堆積されていた二本の堰堤は、それぞれのダムの外側に大きい岩塊を残し、粘土や砂が両方の堰堤から中心部に次第に流し寄せられ、ついに粘土層が中心コンクリートコア部で接合し、まったく一本の強度の高い粘土層を形成しようとしていた。

優秀者に解雇通告

ダムが完成すれば、そこから放たれる水を、いかにして嘉南平原の全体に行き渡らせるか。事前に八〇名の土木局スタッフを動員して水路系統の全体のプランはできていたが、実際に水があの平原をプラン通りにくまなく網の目状に通水してくれるのかどうか。八田は、ダムの方は部下の磯田謙雄(いそだのりお)に任せて、今度は目を嘉南平原の方に向けた。

烏山嶺トンネルでガス爆発が発生し、八田を窮地に追い込んだのは大正一一(一九二二)年一二月六日。あろうことか、翌一二(一九二三)年九月一日には、関東大震災の発生という報が飛び込んできた。八田は再び土壇場に立たされた。

帝都復興の費用は膨大なものとなった。天文学的数値であった。その影響が台湾総督府に及ばないはずがない。総督府の方から政府に復興支援を申し出るのが当然のこととして認識され、総督府の年間予算の三分の一に相当する財政支援となった。総督府は、その分、各種予算・補助金の削減を余儀なくされた。嘉南大圳への補助金も例外ではなかった。

工事の一部繰り延べとともに費用節減の限りを尽くし、かくして残された資金で工事にあたるべし、と決意せざるを得なかった。

八田に命じられたのは、組合員の約半数に及ぶ人員整理であった。烏山頭出張所長は、職員の採用権限が与えられているのだから、解雇の責任者も八田たらざるを得ない。烏山嶺トンネルのガス爆発で五〇名の工夫を犠牲にして、わずか一年足らずの間に余儀なくされたこの難事に、嘉南大圳のフロントラインを委ねられた八田は非情な運命を呪いたくなる思いであった。しかし、やらなければならないことは、やらなければならない。

職員や工夫に動揺が走っていることは、八田にもよくわかっていた。部下の山根長次郎とも相談してみたが、そんなことにいい案が出てくるはずもない。思案に思案を重ねて八田は、思い切った方法で職員と工夫に向き合った。半数の人員削減である。どうやって半数の首を切るか。

解雇された者に恨みがつのり、解雇されなかった者との間に感情的な亀裂が生まれる。この亀裂は、工事を続行するには何としても回避せねばならない。八田の打った手はこうだった。

職員の各班長を烏山頭事務所長室に集め、各班の職員、工夫の実績についての評価を示すリストを提出させた。評価がどの程度正確か判然としないものについては、各班長に度々会ってその優劣についての検討を重ねた。そして、何と、実績の優秀な者に賞与金を与えて解雇を言い渡し、成績劣位の者を優先して雇用をつづけるという、呆気にとられるようなやり方だった。

実績のある者は烏山頭から去ってもいずれ就職口はみつかるだろうが、実績のない者はここ烏山頭で働いてもらうことにする。そうすれば、彼らは以前にも増して実績を上げようと努めるはずだ。解雇される者の就職については、烏山頭のダムやトンネルの構築に関係する工事関係企業、さらには八田自身の個人的な人脈にあたうるかぎり当たって就職斡旋に努める。工事が全面的に再開される時には、解雇者から優先的に再雇用するという条件であった。

関東大震災によって工期は延長を余儀なくされたものの、工事自体は給水路の建設を中心に進められていった。もともとの計画工期は、大正九（一九二〇）年九月起工、大正一五（一九二六）年三月竣工の六カ年事業であったが、八田は工期を四年延長して一〇年計画とせざるを得なかった。

一方、八田は資金調達、組合員負担軽減については、是非ともこれを認めてもらわねばならないと総督府に主張しつづけた。結局のところ、総工事費予算の増額、国庫補助金の四年間供与までを得ることができた。八田は、総督府の山形と下村に対する、そして総督府による日本政府への説得が功を奏したことに涙した。何より嘉南大圳の建設は台湾住民ならびに日本という国家のための大事業である。このことが公認されたことに深く感銘し、自分の体に残るエネルギーのすべてを嘉南大圳の竣工のために注ぎ込もうと改めて強く臍（ほぞ）を固めた。

関東大震災から九カ月を経て嘉南大圳にも新しい活気が戻ってきた。しかし、以前の活気とはどうも質が違っているように八田には感じられた。トンネルの石油ガス爆発、大震災後の予算逼迫、人員整理を経てなお工事の全面的な再開にいたった烏山頭プロジェクトへの国家的意思、総督府にとってのこのプロジェクトの重要性を、全員が共有するようになったからなのであろう。

◆第五章
なぜ嘉南大圳は成功したのか

平原は一枚の緑の絨毯

今度は給水系統の完成に向け、全力を振り絞らなければならない。

濁水渓の方では、三つの取水口の工事がまず完成した。濁水系の水は取水口から導水路を経て、濁幹線と称される幹線給水路へと導かれる。

烏山頭ダムの南北幹線分岐点から放たれた水は、一方では、これを北上させて北幹線とし、他方では、南下させて南幹線とする。濁幹線、北幹線、南幹線をつないで一本の幹線とし、この幹線を嘉南平原全体に水をいきわたらせるための最も大きな給水系統とする。

北幹線は、烏山頭の南北幹線分岐点から濁幹線にいたるまでに急水渓、八掌渓、朴子渓を跨いで北方に流れる。濁水渓の取水口から取り入れられた水は濁幹線となり、烏山頭までの距離は四七キロメートルである。

烏山頭ダムから南に流れる南幹線は、曽文渓を継過してしばらく走り、台南を遠望するあたりでいくつかの支線へと分流していく。

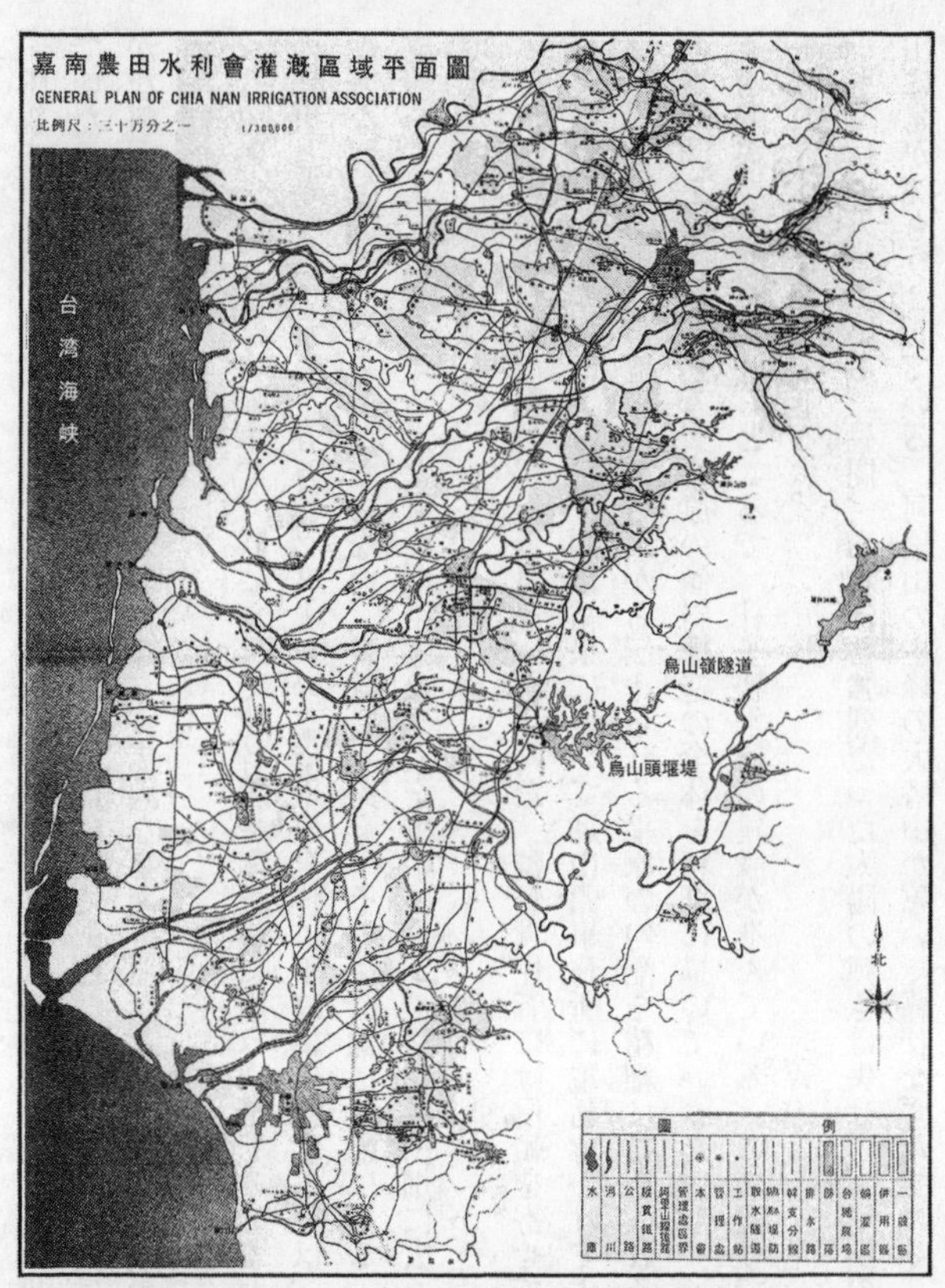

嘉南大圳のイメージ　呉明韞著『嘉南大圳建設工程簡介』より

幹線の東側は、台湾を南北に走る阿里山山系である。濁水渓を北端とし、高雄の近くにまでいたる巨大な山塊である。幹線の東側の斜面は急峻である。対照的に、西側は比較的緩やかな斜面がつづいて次第に勾配が弱くなり、広大な嘉南平原へとつづく。平原の向こうが台湾海峡である。

八田與一は、時に自転車で、時に乗馬で北幹線や南幹線に沿う一帯をみてまわるのが日常の仕事となった。水を一五万ヘクタールの嘉南平原全体に平等に供給するには、嘉南平原の緻密な勾配図をつくらねばならない。幹線も水路も、その生命線は勾配にある。幹線、分線、支線をくまなく測量する。どんなに巨大なダムを築いても、最終的に田畑に広く均分に給水できなければ意味はない。

三角測量に相当数の職員、組合員を注ぎ込んだ。監督責任者には信頼を寄せている赤堀信一を指名した。赤堀は、毎日、測量結果について烏山頭事務所に電話をかけてよこす。八田は、出張所の机上の地図に電話口から伝えられる平原の勾配を精細に書き入れる。区域ごとの地形図を頭に織り込み、平原の傾斜構造の全体を精細に描いていった。

南幹線が北港渓を渡るところで、朴子渓水橋の建設が進んでいる。この辺りで一休み。朴子橋の近くの丘で腰を下ろす。

もう秋に入っている。昼間、あれほど強烈だった太陽の輝きは失せ、阿里山の向こうの玉山に陽が沈もうとしている。阿里山の主峰の大塔山が急いで暮れなずんでいく。幾層にも連なる山系が漆黒を帯びる。平原に目をやれば、空は群青の度を増し、平原の全体が茫とした光彩を放つ。宵の明星がかすかに疼いている。

「明日もはやいぞ」

暗闇の道を乗馬で烏山頭出張所への帰路につく。

北幹線は、亀重渓（きじゅうけい）、八掌渓、朴子渓などの大きな河川を跨いで配管を渡さねばならない。コンクリート橋脚で支える鉄鋼製の水路橋をつくり、ここに水を通す。南幹線にも官田渓、渡仔頭渓（としとうけい）、曽文渓の三つの水路橋が必要である。建設にあたる人々の背丈の三倍ほどの高さの、ほぼ正方形の鉄製配管である。遠望すれば鉄道橋とみまがうほどの規模の構造物である。

烏山頭ダムから放たれた水は、放水口の下の静水池に落ちて減勢され、分岐点を経て南北幹線の双方へとゆったりと流れる。分岐点には「テンターゲート式水門」と呼ばれる、鉄製の扇状の羽を何枚も組みあわせて、自動的に通過水量を安定させる装置として設置した。北幹線の距離は約五〇キロメートル、南幹線は約一〇キロメートルである。北幹線は分岐点から北方に進み、暗渠を通じて濁幹線と結ばれる。

幹線から放たれ、台湾海峡の方向に流れる水は、支線へ、支線から分水路へ、分水路から給水路へ、そして田畑を潤した後に、排水路を経て最後には台湾海峡に注ぐ。烏山頭ダムに貯水される水量は一億五〇〇〇万トンである。烏山頭ダムの放水口は海抜六三メートルに位置する。ここから台湾海峡までの距離は、直線にすればわずか三〇キロメートルほどである。この短い距離の平原に一万六〇〇〇キロの長さの水路をレイアウトしなければ、一五万ヘクタールの耕地に水を等しく通わせることができない。幹線、支線、分線、給水路の勾配を細密に地図に落とし込んでいく作業は細密をきわめる。わずかな傾斜を利用して水路の深さや川幅などを細やかに検討し、そうして張り巡らされた流水の姿はまるで一枚の織物のごとくになろう。

烏山頭ダムの完成

嘉南平原の台湾海峡沿いには、海峡を隔てて吹き込む強風により、海水が土壌に侵入してくる。海上で波頭が砕け塩水滴が空中に飛散し、これが風で耕地に運ばれる。満潮時に強い風波に洗われれば、塩害の規模は一段と大きい。土壌が塩分を蓄積しては農作物は生育しない。塩害を防ぐには防潮堤を築いて海水の侵入を堰き止めるしかない。そのためには、潮止自動排水門という工法があることを八田は思い起こし、工法を伝える文献を読み漁ってこれを採用した。

満潮時には水門の扉が自動的に閉じられて海水の侵入を防ぐ一方、干潮時には水門が開いて排水路の水が海峡方向へと流出するよう設計された。周辺をコンクリートでがっちりと構えてつづく二十数連の水門扉の配列には、みる者を圧倒する迫力がある。これを台湾海峡沿

烏山頭ダム送水口　呉明韞著『嘉南大圳建設工程簡介』より

いに総延長九六キロメートル、全部で二五カ所に構築した。

烏山頭ダムや烏山嶺トンネルなどの大工事を、大型土木機械を用いて建設するためには、電力エネルギーが不可欠である。特に、関東大震災により余儀なくされた工期の延長を取り戻すには、昼夜兼行の工事が避けられない。濁水渓の急流を利用しての発電がまず計画された。濁水渓の取水口から導かれる導水路の豊富な水量に着目して、ここに発電機を設置した。

烏山頭ダムの竣工が、もう八田の視野には入っていた。

出張所所長室の後ろの壁に貼られた嘉南平原の地図の上に、完工部分をマークし、そのマークが少しずつ密度を濃くしていくのをみながら、竣工の時期が着々と近づいていることを八田は実感する。この頃になると、烏山頭ダムで残るのは、余水吐、送水口の建設だけになっていた。

取水口から取り入れられた水はダム内の送水トンネルを貫通し、その途中に設えられた二台のバタフライバルブで送水量が制御される。この送水トンネルは、ダム内でもう一度分岐して計五本の送水口からダムの外側へと放出される。

豪雨でダム内の水が増量してもダムの貯水量を一定に保たねばならない。ダム内の強い水圧によりダムが毀損されるというリスクがあるからだ。四〇メートルを貯水の喫水線とし、これより水位が上昇すれば自動的にダムの上部からダム外に水を逃がす帯状の余水吐も完成した。

烏山頭ダムが完成したのは昭和五（一九三〇）年五月一〇日、全長一二七三メートル、堤高五六メートル、満水時の貯水量一億五〇〇〇万トンに及んだ。米国アリゾナ州とネバダ州の州境に位置する、時の大統領ハーバート・フーバーの名前にちなんだフーバーダムが竣工したのは昭和一一（一九三六）年である。フーバーダムの竣工にいたるまで、烏山頭ダムは世界最大の規模を誇った。

昭和五年五月一〇日の竣工式には三〇〇〇名の日本人、六〇〇名の台湾人の参加を得て、三週間にわたり盛大な祝賀式が催された。式典の最中に烏山頭ダムでの送水式が行われた。送水口のすべてが開かれ、初めて鳴り渡る水の轟音に、顔を拭いながら感涙にむせぶ者も多い。八田は送水口を経て導水路に向かう流れをみつめ、胸にこみ上げてくる思いを隠すことができない。八田、四四歳の時であった。

「三圃制」の画期的な活用

三圃制（さんぽせい）といわれる農法がある。中世の欧州で発達した農法として知られるが、西南アジアやインド北西部などの、灌漑用水を得ることが難しい乾燥地帯でも用いられる農法である。村の共同耕地の全体を三つに分けて、その一つに春播きの穀類、他の一つには秋播きの穀類を植え、残りの一つは休耕し家畜の放牧などにあてるという方法である。これを一年ごとずらして耕作は三年で一巡する。春播の穀類も秋播の穀類も、収穫後は家畜を放牧させ、休耕により灌漑用水を節約すると同時に、耕地の肥沃度を保持するという農法が三圃制である。八田は、大学時代からこの農法についてはよく知っていた。

八田の着想の独自性は、この三圃制を嘉南平原の給水に結びつけたところにある。画期的な試みである。八田はこれを、当初は「輪流灌漑」といい、後には「三年輪作給水法」と呼んだ。

嘉南平原の全面積は一五万ヘクタールである。この広い平原に巧みなレイアウトを施すことにより、約一五〇ヘクタールを標準単位とする「給水区画」に分ける。給水区画は、嘉南平原全体で約一万区画となる。約一万の給水区画内を再びそれぞれ三区に分け、毎年、循環式に給水配分を行うという方法であった。

水稲への水供給は、濁幹線を主要水源とする給水区画では五月から一〇月まで、南幹線、北幹線を主要水源とする給水区画では六月より九月までとする。これが一年目である。甘蔗作は、水稲作が終わってから翌年の三月までとし、これが二年目となる。それぞれの給水が終われば、二年目の三月もしくは四月まで、それ以降の三年目には雑作給水区域に水を供給する。

一年目の水供給が終わると水稲作区画は休耕地となり、次いで甘蔗もこれが終われば、その後は休耕地となる。雑作も同様である。休耕期間を長く取ることによって水供給を制限し、肥沃度を温存し、かくして華南平原にあまねく水供給を可能にしたのである。

三年輪作給水法を農民に理解させねば、協力は得られない。水路工事の責任者として指名された中島力男（なかしまりきお）は、この給水法の有利性を個々の農民に懇切丁寧に説きながら水路系統の末端の設計に細心の努力を重ねた。給水系路の勾配を周到に検討し、その結果にもとづいて農民を徹底的に指導してほとんど水平に近い水路系統を完成させた。通水試験を試みたところ、幹線から末端水路にいたるまで確かに水が通った。実に三日間を要した。「看天田」に初めてやってきたこの細い水の流れをみて、湧き上がる農民のいかにも嬉しそうな顔に中島も涙顔であった。

この農法により、耕地面積拡大はもとより、水稲、甘蔗などの増産、単収の上昇、さらに

「看天田」のゆえにほとんど無価値に等しかった地価が上昇し、農民に大きく裨益（ひえき）した。このことを証す計測値が『嘉南大圳新設事業概要』には克明に記されている。

　これで蓬莱米の嘉南平原への導入が可能となった。磯永吉、末永仁（めぐむ）らによって「台中六五号」として生まれた蓬莱米が「純系固定」されて、台北、新竹を経て嘉南平原という台湾最

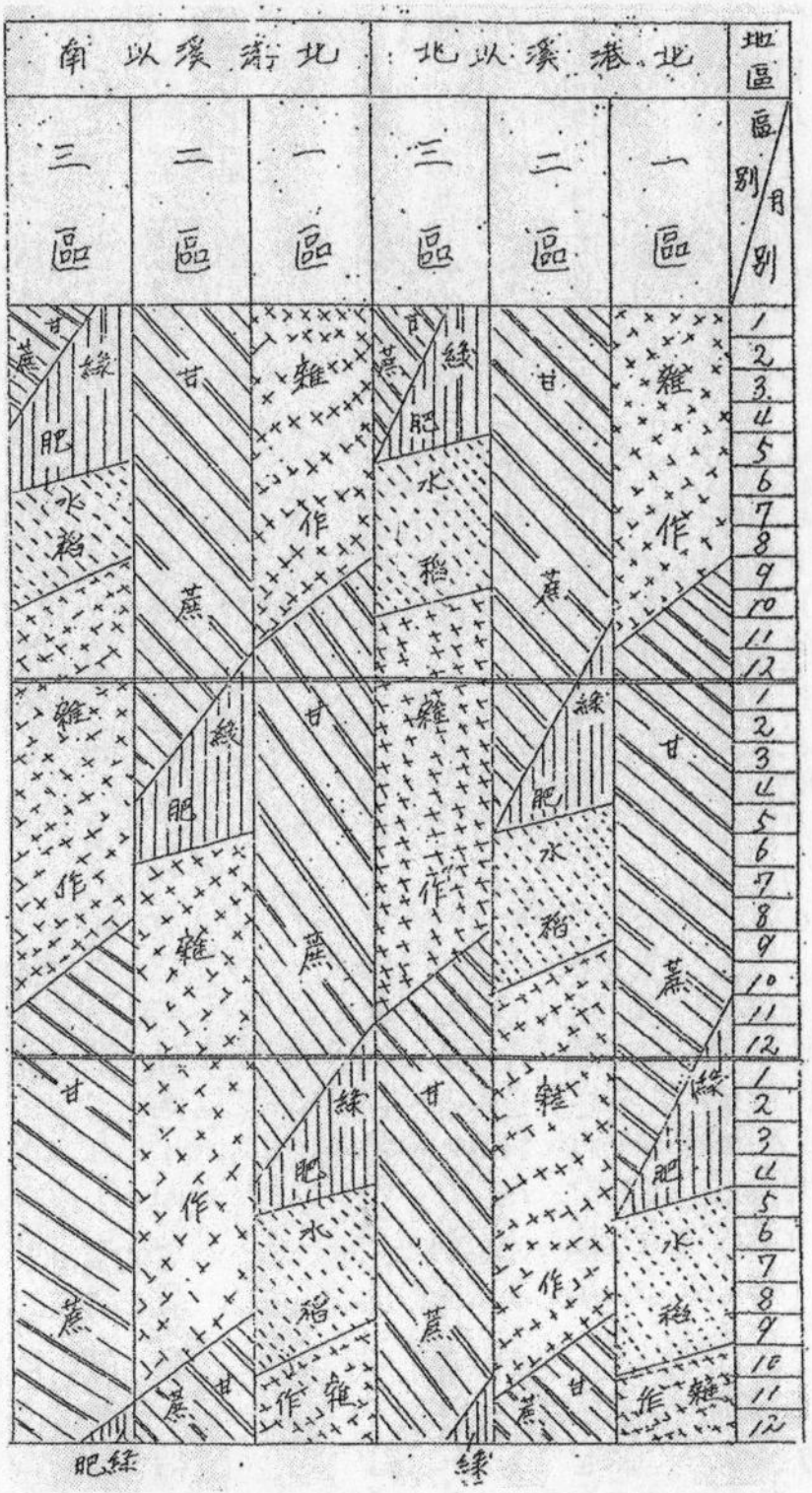

三年輪作給水法のイメージ　臺北米穀事務所調査
『嘉南大圳』（昭和11年）より

大の平坦で広大な地域で普及・拡大し、平原一帯が蓬萊米の緑の絨毯のごとくに限りなく広がっていった。その穣々たる光景を眺めて八田は陶然としていた。乾季にはひどい旱魃がつづき雨季には洪水が田畑を壊滅させてしまったこの嘉南平原に蓬萊米が導入されたのである。嘉南平原の劇的な変貌であった。

支線、分線、給水路、排水路の建設のすべては水利組合の手によってなされた。三年輪作給水法の普及のために水供給を区画ごとに分けて行うという新しい農法にも、農民指導が欠かせない。その指導と普及は総督府の指揮のもとでなされた。

稲作、甘蔗栽培を直接担ったのは、農会として組織された地主、小作をも含む小規模農民であった。個別農民の創意と意欲がここでは発揮された。

インフラの設計は総督府の専権事項であったが、その建設や農業生産に精を出したのは農民自身であった。より高い単収を求める相互の競合が単収増をもたらした。公的部門と私的部門とを棲み分け、前者が後者をインフラ面で支え、後者相互の競合により生産性の上昇を図るというシステムを、日本はフロンティア・台湾ですでにこの時代に大規模に展開していたのである。

蓬萊米という改良品種は、偶然の僥倖により生まれたものではない。磯や末永が、無限ともいえる回数の異種交配を重ねてついに掌中にした改良品種である。水平な耕地をつくり、ここに灌漑用水を招き入れ、苗を育て、それを圃場に移し、肥料を与えて育成し稲の収穫を待つ。

施肥は、これを絶対に欠かすことはできない。施された肥料に稲を「感応」させ、そうして初めて高収量の籾を手にできる。灌漑用水を利用することができず施肥もしない在来農法が「粗放農業」と呼ばれ、灌漑用水によって施肥効果を上げる農業が「集約農業」といわれるのはそれゆえである。蓬萊米の導入とは、粗放農業から集約農業への転換を意味する。この原理は甘蔗栽培においても同様である。

無肥農業を肥料農業に転換すれば、当然コストは高まる。日本の内地では満州産の大豆粕、時にはドイツ製のカリなどの化学肥料が用いられていた。しかし、台湾のそれまでの農業は施肥とは無縁であった。籾殻、藁、草木灰、焼土などを投げ入れるだけだった。

蓬萊米という改良品種を、何としてでも農民に導入させねばならない。費用増を懸念する農民に化学肥料を使用させるにはどうしたらいいのか。

八田は思いを巡らせて、まずは無償配布を決断した。甘蔗も同様であった。新農法が高収益につながることを体得させるためであった。次いで肥料購入のための費用に補助金を与え、さらに農会が共同購入して農民に配布し、最終的には肥料費用を農民に負担させるという手順を踏んだ合理的方法が取られた。

蓬萊米の単収は嘉南平原において明らかに上昇し、肥料購入費用を差し引いた純収益はほとんどの地域においてプラスとなった。

八田が烏山頭出張所長として渾身の努力を重ねていた頃、嘉南平原管理組織は総督府により「公共埤圳嘉南大圳組合」として再編されていた。平原は、多くの農民組合を傘下に擁する一つの有機的な農民組織として機能し始めた。組合員規則にはこうある。

第二条　本組合ハ、公共埤圳嘉南大圳ニ利害関係ヲ有スル土地ノ所有者、質権者、小作人及ビ埤圳ノ所有者ヲ以テ組織ス

第三条　本組合ハ、公共埤圳嘉南大圳ニ利害関係ヲ有スル土地ノ水利施設及ビ之ガ維持ヲ為スヲ以テ目的トス

この規則により嘉南平原の利害関係者は、土地所有者、質権者、小作人、埤圳所有者すべてをもって構成されることになった。質権者というのは、他者に土地、金品を貸与している者であり、担保権所有者のことである。

嘉南大圳の灌漑排水事業、三年輪作給水法の導入、給排水路建設のための労働力動員、建設費の支払いは、農民組合を通じての「水租」（水利税）によりその多くがまかなわれた。農民組合議員は組合員の選挙によって選ばれた。

一般的なイメージからすれば、日本が台湾の支配者であり、日本の台湾における代理機関が総督府であり、総督は「土皇帝（どこうてい）」と称される強大なる権力をもって台湾統治にあたったと考えられがちである。現実はそうではない。統治の末端が、このように水利組合や利害関係者による農民組合といった自治的単位によって運営されてきたという一事をみるにつけても、日本の台湾統治の合理的なありようがここに顕現しているといわねばならない。

犠牲者一三四名の殉工碑

嘉南大圳の最大の難関、烏山嶺トンネルが貫通したのは昭和三（一九二八）年六月一七日、周辺設備も整って同年一一月一二日にはついに竣工にいたった。

烏山頭ダムも昭和五（一九三〇）年五月一〇日に竣工。五月一五日にはダムの放水口から巨大な放流水が導水路プールに投げ出された。放水路の周辺に集まる人々は歓声をあげ、誰彼となく八田に祝意を表してくれた。

大仕事を成し遂げた人間というのは、こういう時にはなぜか寡黙になる。放水口から導水路を経て南北幹線に流れる轟々たる水を八田は呆けたようにみつめていた。達成感とか満足感といった感覚とは少し違う、自分でも解しがたい奇妙な脱力感だった。大仕事の陰で音なく消えていった日本人、台湾人のことが次々と頭に浮かんでいたのであろう。

起工から竣工までの間、どれだけ多くの人々が八田の指揮下でこの巨大事業のために身を捧げてくれたことか。工事の只中にあってはそんな感慨が浮かぶこともなかったが、こうやってついに竣工式を迎える頃になると、八田はしきりに部下の献身に頭を垂れるような気分になっていた。

建設開始の頃から最近まで誰かが撮って自分に渡してくれた写真の数々を繰り返し眺めることが八田にはこの頃多くなった。昭和四（一九二九）年二月一六日に執り行われた烏山頭貯水池・余水吐（よすいばき）の起工式に集まった、往時のほとんどの技術陣を網羅する一枚の写真があり、それをみつめて胸を衝かれる思いであった。一番前に座る八田の右隣にはまだ幼い長男の晃夫の姿まで写っている。

嘉南大圳の完成を間近に控えていた頃、八田は総督府内務局土木課水利係長の任命を受け、近々、台北に転居することになっていた。竣工式が終われば、せめてもの鎮魂の証として工事中に死亡した従業員を永遠に忘れることなきようにと「殉工碑」の建立を企図していた。昭和五年の三月にはそれが完成した。

高い碑を支える礎石の上の三面に犠牲者一三四名の名前を、日本人と台湾人との別なく死亡順に刻印した。八田は思いを込めて、碑文にこう認（したた）め礎石の残りの一面に彫り込んだ。

嘉南大圳は其の利沢を蒙る広袤（こうぼう）の宏（ひろ）いなると其の水源における工式の雄なるとに於いて世界に冠たり。従つて其の工細且（かつ）微にして施工上幾多の困難に逢着せるも辛楚（しんそ）十年茲（ここ）に工全く成る。

諸子は斯る間に於いて不慮の災厄に遭い或いは風土の病疫に冒され空しく異郷の墳塋に眠る。転た痛惜に堪へざるなり。雖然諸子は斉しく犠牲的殉工者にして一死克く従業員の志気を鼓舞し、以つて此大工を竣ふるを得たり、又偉なりと謂ふべし。
噫噫彼の淙々たる曽文渓水は此の蜿蜒たる長堤に蘊崇して長へに汪々たる碧潭を奉し、随時の灌水は滾々環流して盡きざる限り、諸子の名も亦不朽なるべし。

乃ち茲に地を卜し碑を建て、以て諸子を伝ふるの文となす矣。

昭和五年三月

烏山頭交友会長　八田與一

嘉南大圳は、その利益と恩恵を受ける東西南北に広がる面積の大きさ、ならびに雄壮な水源建設の方法において世界に冠たるものである。工法は精細をきわめ、施工に際しては幾多の困難に逢着したものの、辛苦一〇年、ついに完全なる竣工にいたった。

諸子は、この間、不慮の災厄に見舞われ、あるいは風土病に冒され、空しくも異郷の墓地に眠ることになった。まことに痛惜に堪えない。しかしながら諸子のすべては犠牲心の強い殉工者であり、一命を賭して従業員の志気を鼓舞し、そうしてこの大事業を完遂することができた。実に偉大なることだといわねばならない。

あのそうそうと流れる曽文渓の水は、うねるがごとくに長いダムを永遠に満たし、適宜に放

> たれる灌漑水はこんこんとして田畑を潤し尽きることがない。されば、諸子の名も不朽なるものとして残るに違いない。
> 　この地を選び、ここに碑を建立し、もって諸子の栄誉を後世に伝えるための一文を認めた次第である。

八田も烏山頭を去る日がやってきた。昭和五（一九三〇）年八月、妻の外代樹、長女の正子、長男の晃夫、次男の泰雄、次女の綾子、三女の浩子、四女の嘉子（よしこ）、五女の玲子、まだ外代樹のお腹の中にいて年が明ければ生まれる六女の成子（しげこ）ともども、台北の総督府官舎への転居であった。

総督府の新庁舎はまだ新設されていなかったが、建設予定地から西に一キロメートルほどのところに日本人の多くが居住する幸町がある。教会や学校や商業施設があって街路樹の整然とした街の中に住まい、八田はしばしの安息を得た。

四四歳になっていた。東京帝国大学工科大学土木科の卒業と同時に台湾にやってきて、総督府土木部技手となったのが明治四三（一九一〇）年、二四歳の時だったから、あれ以来ちょうど二〇年が経つ。嘉南平原の水利灌漑事業の着想を得て以来、トンネル、ダム、平原給水路の建設に精力のすべてを注ぎ、およそ休息というものを味わったことはなかった。

八田の新しい職位は内務局土木課水利係長である。あの八田にしては低い職位のようにも思われようが、高等官である。この官位は職位を超えて高いものであった。当時の官位は、親任官、勅任官、奏任官、判任官の四つに分けられ、最高位の官位は台湾総督ただ一人、内務局の勅任官は局長のみ、技師の中で勅任官という栄誉を与えられたのは八田だけだった。嘉南大圳を成功に導いた業績が他に抜きん出ていたことが認められての官位であった。八田の主たる職場である内務局土木課には、当時四八八人の技術者がいた。官位は上司の土木課長より八田の方が高かった。八田は総督府技師の頂点に立ったのである。

技術者集団「南方開発戦士」

昭和一六（一九四一）年七月の日本軍による南部仏印進駐以来、米国は在米日本資産凍結、対日石油輸出の全面的禁止に踏み切り、日米の敵対は決定的となった。英国、中国、オランダが米国に追随して、いわゆる「ＡＢＣＤ包囲網」が形成された。包囲網形成を事前に察知した日本政府は、同年六月に「帝国の自存自衛の為速やかに総合国防力を拡充する」ことを期し「対南方施策要綱」を発表。日本自らが占領地の資源開発に打って出ることにより、ＡＢＣＤ包囲網から脱しようとした。そのための「南方産業開発要員」集団が、陸軍・海軍・拓務・商工・農林の五省によって組成された、選りすぐりの技術者からなる「南方開発戦士」である。技術者の専門分野は、石油、鉱山、製糖、油脂、繊維、農業、灌漑、水産、牧畜と多岐にわたった。派遣要員は五省によって選別される約一〇〇〇名、官民の区別はなかった。

フィリピン軍司令部からの要請を受けた陸軍軍政部は、台湾総督府を通じてフィリピンの綿作灌漑計画の指揮者として八田を派遣するよう打診してきた。

八田は応諾した。同行する何人かの専門家を推薦せよとも八田は伝えられた。自分のやり遂げた業績が認められ、台湾以外の地で嘉南大圳事業の経験を活かすチャンスが与えられたことを八田は自負した。優秀な技術者に他国での経験を積ませ、その実力を練磨させるための好機だとも考えた。宮地末彦、湯本政夫、市川松太郎の三人の顔がすぐに頭に浮かび、彼らを誘ったところいずれも勇んで参加したいという。

宮地は旧制金沢一中、第四高等学校を経て東京帝国大学で農業土木を専攻、昭和六（一九三一）年、大学卒業と同時に台湾総督府に就職するという、一〇年ばかりの後輩だが八田とほぼ同様の経歴をもつ人物だった。八田の構想した嘉南平原の水利灌漑施設の整備や三年輪作給水法の普及に尽力した男である。八田を師と仰いで働き、八田もまた宮地を頼りにしてきた。

八田は三人を引き連れ、総督府土木局のスタッフに挨拶の後、台北から基隆に向かい、基隆で日本郵船の大型船に乗船、台湾海峡に迫り出す低気圧によって荒れる海を渡り、昭和一七（一九四二）年四月二一日に好天の神戸に入港した。東海道線の特急「つばめ」に揺られ、冠雪量の多い四月の神々しい富士を車窓に仰ぎ、二二日の昼頃に東京に着いた。

東京がB25による初の空襲を受けたのは昭和一七年四月一八日だった。八田が東京に到着したのはその四日後だが、緊迫した空気はまだ流れていなかった。ミッドウェー海戦での日本の敗北により米軍の反転攻勢が始まるのは昭和一七年六月からだった。それまではむしろ緒戦の連戦連勝に躍る気分が消えていなかった。

東京着は四月二二日。五月五日に広島県の宇品港に集合してフィリピンに向けて出発するまで特段の公務はない。八田は同行する三人に、五月三日の夕刻に改めて東京駅の東海道線改札口に集合することを約束させ、ひとまずの解散となった。久方ぶりの解放感が八田の体を満たしていた。

八田は従弟の家に滞在することにした。四月二三日、台湾総督府の東京出張所に出向き、その足で市ヶ谷の陸軍省の軍政部を訪れた。

二日前、同郷の佐藤賢了が陸軍省軍務局長に就任したとの新聞記事が目にとまり、その就任祝いの一言を伝えたかったからである。佐藤は八田より九歳年下、金沢一中を経て陸軍士官学校、陸軍大学校へと進んだ生粋の軍人である。互いに顔は見知っていた。

就任間もない佐藤は、軍部や政治家への挨拶まわりで不在だった。不在を告げられた八田は、「台湾総督府　勅任技師　八田與一」の名刺の左上のスペースに「陸軍省軍務局長就任を祝す」とだけ書き、局長室の机上においておくよう秘書官に伝えて市ヶ谷を後にした。

それから八田は拓務省に向かった。フィリピン行きの事務を取り扱っているのが、台湾、朝鮮、満州、樺太その他の日本の「外地」を統括する拓務省である。小平（こだいら）にある事務所を訪れフィリピン綿作灌漑の概要についての説明を受け、フィリピンの水利全般にわたる資料を貰い受けた。

台北で生まれた長男の晃夫は、台北一中を卒業後に上京、旧制一高を経て東京帝国大学工学部に在学していた。久しぶりに晃夫に会いたいのだが、大学の漕艇部の練習に明け暮れ、向島の艇庫で寝泊まりしている。なかなか会ってくれる時間がないようだ。

晃夫は四月二六日の夜、やっと従弟宅に現れた。逞しく日焼けしたその姿に八田は安堵した。従弟夫妻と二人の子供を引き連れ、近所の寿司屋で再会の杯をあげ、若干の小遣いを渡した。晃夫は夕食後すぐに向島へ去っていった。八田が長男をみたのはそれが最後だった。

台北生まれの長女の正子が東京に住んでいる。正子は旧制金沢医科大学講師の深尾立雄に嫁していた。深尾は金沢医科大学を退職後、東京の板橋で病院を開業している。晃夫と会った翌日に、二人目の子供を産んで間もない正子のところを訪れた。八田にとっての初孫の立（たかし）は眩しいほどに可愛い。その夜は正子の家に泊まった。

八田は、着工して間もない日本最大級の奥多摩の水道貯水池の小河内（おごうち）ダムを訪れてみたい、とかねて考えていた。この貯水池の水は直下の多摩川発電所で電力となり、次いで多摩川に放流、二つの水堰（みずせき）を経て東京の水道源となる。吹き出したばかりの新緑の山々を周辺に配した奥多摩のダムの景観に、八田は嘉南平原の風景をだぶらせしばし茫たる気分に浸った。のんびりしたような、それでいてよく歩き回って忙しかったような気分の時間を東京で過ごした。五月三日、帝国ホテルで正子の夫の深尾と二人で夕食を取った。深尾を見送った後、外代樹への手紙を書いた。手紙を投函するようホテルのボーイに渡して東京駅まで歩き、約束通り同行の三人が集まる東海道線の改札口に向かった。

五月三日午後八時四〇分発、四人が向き合う座席で、東京でのそれぞれの四方山話（よもやまばなし）が問わず語りとなり夜も更けて着席のまま熟睡した。京都駅の辺りで夜が明け、四日の午後二時に広島に到着した。

広島の拓務省出張所に出向き、そこで翌五日の午前一〇時に宇品港埠頭に集合との指令を受けた。八田は、同行の三人に向けていう。

「明日の午前一〇時までは自由時間だそうだ。どうかね、フィリピンでの仕事が始まれば二、三カ月は不眠不休になるよ。今夜は宮島の旅館にでもいって一杯やろうじゃないか。刺身も旨いしね。私のおごりだよ。岩惣（いわそう）旅館が有名だから、そこにしよう。早速出かけようか」

反対する者がいるはずもない。

岩惣旅館の離れの一室である。こんな贅沢な部屋に泊まるのは、同行者はもとより八田にとっても初めてである。紅葉谷を後ろにして厳島（いつくしま）神社の大鳥居が構える。八田は酒はあまりやらないが、今日は特別だと自分にいい聞かせて、四人で二升を飲み尽くし布団に倒れ込んだ。

夜が明ける頃、起き出した八田は、まだ寝入っている三人を残して嚴島神社に向かう。回廊で結ばれた朱塗りの社殿を歩き、大鳥居を仰いで八田は、

なにごとのおはしますかは知らねどもかたじけなさに涙こぼるる

有名な西行の歌を口ずさんでいた。

四人で午前九時に宇品に着く。南方開発派遣要員として指名された技術者一〇一〇人、軍人三四人、乗組員を含めて一三六〇人の大部隊がここで編成された。背広や国民服の民間人、軍服の軍人とさまざまだった。

乗船は一万六〇〇〇トンの日本郵船の「大洋丸」である。船齢三〇年を越す老朽船ではあるが、六層の船室をもつ巨艦である。一三六〇人の乗員を運ぶには問題はなさそうだ。八田は、いい船に乗りあわせることになったな、と同行の三人に呟いた。長期間にわたり運航されてきたものの、その間に幾度かの改装が施されて、艤装(ぎそう)は十分とみえる。船室も豪華客船というにふさわしい満足のいくものだった。

沖に停泊する大洋丸と港の岸壁との間を行き交う艀(はしけ)に、派遣要員が次々と分乗していった。

船上から降ろされた船梯子を上り、予定されていた、上官が使うものらしい随分と立派な船室に、八田は宮地、湯本とともに入った。市川は、若年でまだ技手という職位のゆえであろう、同室できず、他の部屋が指定されていた。一度、八田の部屋にきて、「それでは別の部屋にまいります」といって部屋を出ていく後ろ姿が八田にとっては最後だった。

五月七日の午後三時頃に門司を出港、この日は何事もなく響灘(ひびきなだ)の西方に向かい、彦島(ひこしま)の北西に浮かぶ溶岩台地の六連島(むつれじま)で錨を下ろした。

大洋丸の惨劇

大洋丸だけの航海ではなかった。上海と神戸を結ぶ日本郵船の「御影丸」、台湾航路を運航する近海郵船の「吉野丸」、これに「神陽丸」、「どうばあ丸」の四隻に、大洋丸を加えた五隻の船団だった。大洋丸は南方開発派遣要員という日本の最も貴重な一〇〇〇人余りの技術者集団を乗せた船である。海上護衛が二重にも三重にも組まれていいはずだが、すでに船隻不足に陥っているのか、第一海上護衛隊所属の「北京丸」、それに佐世保要港部所属の駆逐艦「峯風(みねかぜ)」、特設砲艦の「富津丸」の三隻が、六連島から台湾まで護衛の任にあたる。五月八日の午後五時には、峯風と富津丸の両艦は踵(きびす)を返し、佐世保に帰港してしまった。

船速の遅い船団は、心細くも航路を西に向け、九州最西端の五島列島を過ぎた。同日の午後六時五〇分頃に惨劇が大洋丸を襲った。

この日、八日の午後六時三〇分、大洋丸の食堂ではコレヒドール陥落を祝う宴が開かれ、八田、宮地、湯本も加わって出席者の全員が浮かれ気分であった。

コレヒドール島は、フィリピン・バターン半島の沖合に位置する米軍の軍事的要衝である。日本軍は五月五日の夜に上陸作戦を敢行、米軍の激しい砲火を浴びながらもこの橋頭堡を確保、コレヒドール島の米軍が日本の軍門に下った。太平洋戦争の中でも激甚をきわめたのが日本軍のフィリピン侵攻作戦であり、その山場がコレヒドールの争奪戦だった。コレヒドール陥落の報に日本中が沸いた。赤飯と清酒一合が配られただけだが、大洋丸での祝宴も随分と盛り上がっていた。

この頃、米軍は、潜水艦搭載の魚雷による日本海軍の撃滅を狙い、大量の魚雷生産に精を出していた。太平洋に展開された五六隻の潜水艦がハワイ真珠湾を出港、日本の大型船を探し蠢（うごめ）いていた。そのうちの一艦グレナディア号が、五島列島の南南西七〇キロメートルの男女群島周辺を緩慢に南下する船団を発見、先頭の大洋丸に照準をあわせ、目視可能な日没寸前に一三〇〇メートルの至近距離に迫って魚雷四発を発射した。

祝宴で上官のすべてが食堂に集まり祝杯をあげているその最中に、落雷を思わせる轟音が艦内に響いた。何か巨大な岩石によって叩き潰されるような音だった。右舷船尾に魚雷が命中した。

食堂のざわめきが、一瞬消えた。八田の隣にいたグループの一人が怯える口調で、「魚雷

大洋丸（日本郵船）

が当たったんじゃないんですか」という。その声に促されて、「魚雷だ！　魚雷だ！」という声が食堂に広がり、八田は宮地と湯本に「とにかく救命胴衣をつけに部屋にすぐ戻ろう」と促す。八田の判断ははやかった。

胴衣を着て三人は部屋を出た。甲板に向かって階段の四、五段を駆け上がったところに、遅れて自分の部屋に戻る下士官たちが悲鳴をあげながら群れとなって階段を下りてきた。三人はその群れに吹き飛ばされそうになる。

ようやく上甲板に出ようとした時に、二発目の魚雷が大洋丸の右舷の真ん中に突き刺さり、船中で炸裂した。一発目の当たった右舷船尾にはすでに火炎が噴き出している。船の全体が炎に包まれるのは時間の問題だ。乗員のほぼ全員が救命胴衣を着けて甲板にぎっしりと集まった。上官の一人が声を張り上げる。

「敵艦の艦砲射撃が始まった。上甲板は危ない。一度、部屋に戻れ！」

乗員は再び部屋へと帰る。宮地は人の波に呑み込まれてはならじと甲板出入り口のわずかなスペースに身を隠した。そのほんの短い間に八田と湯本の姿がみえなくなった。

宮地はようやく身を動かすことができるようになり、再び上甲板によろけ出てデッキのフェンスにたどり着く。いくつかの脱出用救命ボートが両端にロープをつけて海上に降ろされている。宮地はその一つに近づく。

「乗れ、早く！」

宮地は、素早く四〇人ほどが乗るボートの船尾に飛び移り、腰を低くした。同時に、ボートを釣り降ろすロープの、船尾側の一本が鈍い音を立てて切れた。たまらず救命ボートは垂直にぶら下がる格好となって乗員全員が海に投げ出された。落下の途中で宮地の帽子と眼鏡が海中に吹き飛んだ。

遺体発見

海は暮れなずんでいた。宮地は空中を飛び降りながら、青黒い海が迫ってくる瞬間をはっきりと覚えている。海中に潜り込んだものの、救命胴衣の浮力で再び海上に躍り出て、あたりを見回す。救命ボートから落ちた四〇人ほどの人影はどこにもみえない。次の救命ボートが漕ぎ出されてくるのが目に入り、これに食らいつこうと死にもの狂いで泳ぐ。着衣、着靴のままだが、意外にも前に進んでいく。救命胴衣のおかげか。

二〇分か三〇分くらい泳ぎつづけて、救命ボートにたどり着くことができた。海は漆黒へと変じていた。ボートの端に手をかけたものの、この手を引き上げてくれる者はいない。沈む大洋丸のつくり出す巨大な波の渦から逃れようと、懸命に櫓を漕ぐ者たちは「待ってくれ！」というばかりだった。自力でよじり上がろうとボートの舷から伸びる命綱を両手で握り、身を舷に寄せようとするもののうまくいかない。両足を命綱にかけて踏ん張ってみたが、舷には届かない。

そうか、大きな波が襲ってくれれば身はすっと浮き上がると考え、波を待つ。これだと思う波がやってきた時に宮地は波と一緒に飛び上がって、ようやく舷に手をかけ胸部までにじり上がり、残る力のすべてを一瞬に集めボートの中に転げ落ちた。ほうと息を吐いて前方に目をやると、大洋丸は船首を垂直に立てるや、呆気ないほどのはやさで海中に消えていった。沈む大洋丸の中に、八田、湯本、市川がいるのではないか。宮地は不吉な予感に胸を塞がれていた。救命ボートを打ちつける波のしぶきに夜光虫が淡青色を発しては消え、その妖しい光に宮地の心はひたぶるの不安と恐怖におののいていた。救命ボートの艇長は、その夜中、乗員に交代で櫓を漕がせる。五島列島の方角に向けてボートは少しずつ進んでいく。宮地も櫓を漕いで横たわることはまったくなかった。

前日に六連島を出港して間もなく佐世保に向け帰港中の駆逐艦・峯風と特設砲艦・富津丸

の二隻が、大洋丸救援のために戻ってきた。九日の午前一〇時頃だった。峯風と富津丸は次々と何条もの縄梯子とロープを下ろし、乗員はこれに競ってしがみつき、身体をくねらせながら船上に上っていく。宮地はロープの先端を輪っかにして、ここに片足を突っ込んで引っ張ってもらい艦上にようやく出てへたり込んだ。差し出されたショットグラスのウイスキーを口に放り込んで正気を取り戻した。

「生きていたのか」

拾われた生存者と遺体は、五月一〇日、峯風、富津丸に乗せられて長崎に帰港、生存者は長崎の各旅館に収容、うち負傷者は陸軍病院へと運ばれた。

宮地は名も知らぬ旅館にとどめおかれたが、八田、湯本、市川のことが気になって、いてもたってもいられない。情報を何とか入手したいと時に訪れる担当軍人に質問するものの、この出来事は軍事機密であり、具体的なことを今話すわけにはいかない、とぶっきらぼうにいわれるだけだった。

二、三日も経っただろうか、情報を外部に漏らさないことを条件に放心状態で横たわる生存者に概要が知らされた。

船団を組む五隻のうち沈没させられたのは大洋丸のみ、大洋丸から救助された生存者は五四三人、死亡者は八一七人に及んだという。八田、湯本、市川はどうなのか、四人を送り出したのは台湾総督府なのだから総督府に知らせねばならない、と宮地は関係者に食い下がるものの容易に口を割らない。

軍の方から台湾総督府に三名の死亡報告が入ったのは五月一七日だった。台湾総督府はかつて嘉南大圳建設の資機材購入のために八田とともに米国に出張したことのある技師・白木原民次を東京事務所に派し、事情の調査にあたらせた。

八田の遺体発見の報は、思いもかけず山口の萩市役所を通じて台湾総督府東京事務所に伝えられた。六月一〇日のことだった。

萩の海、見島(みしま)に近い海域に出漁中の「第二睦丸」の船長、萩の漁師の安藤晃が海上を漂う黒い影を発見、ひょっとして人間ではないのかと近寄り引き揚げた。着衣のままだったが、躰(からだ)は完全に白骨化した遺体であることがわかり、漁を中止、遺体を萩市役所に運んだ。市役所の担当者は、人相などまったくわからないものの、内ポケットの名刺入れから「台湾総督府　勅任技師　八田與一」と判明、直ちに総督府の東京事務所に連絡を入れた。

東京事務所は、長男の晃夫にことの次第を告げた。フィリピン出発前のわずかな時間だったが、夕食をともにし、老境に入ったとは到底みえない屈強な父の姿を思い浮かべ、晃夫は信じられない思いだった。しかし、事実は事実だ。事実はまずは長男の自分の目で確認せねばと思いを定め、白木原ともども萩へと急いだ。

山陰線の車窓から黒い日本海をみつめ晃夫はただ虚ろだった。萩の寺の棺桶に横たわる父をみて、白骨化してはいたが、これが父であることは着衣や骨格からして晃夫には一目で確認できた。大洋丸沈没から一カ月以上も海を漂い、肉の部分はすっかりこそげ落ち、着衣をつけた白骨という奇妙で不気味な姿だった。

寺で荼毘（だび）に付された。晃夫と白木原、それに市役所の担当者によるささやかな密葬だった。遺骨は金沢の菩提寺にもっていくべきか、台湾に運んだ方がいいのか。妻の外代樹、子供たち、嘉南平原の開発に携わった多くの人々の待つ台湾にもって帰った方がいいのではないか、父もそう考えているに違いないと晃夫は思いを定め、白木原にも聞いてみたところ「僭越ながら、私もそう考えております」という。

遺骨は台北幸町の自宅にしばらく安置された後、七月に入るや三つの葬儀が執り行われた。まずは寿町の東本願寺と称されていた真宗大谷派台北別院で八田家により、中旬には台湾総督府葬が総督府内に設置された斎場で、次いで嘉南大圳関係者により烏山頭の八田の銅像前で催された。

子供たちに宛てた五枚の絵葉書

フィリピンに向けて東京を発つ直前の昭和一七（一九四二）年五月三日付で、八田は外代樹に手紙を送っていた。フィリピン同行の三人と落ち合う前に帝国ホテルで深尾立雄と夕食を取ることになっていた。深尾を待つ間に鞄から便箋と絵葉書を取り出して書いた。

「晃夫は朝早く学校に行き帰ると直ぐボート練習で七時にならなくては外出できず夕食も共

に食えぬ。今夜出発するから帝国ホテルに午後六時に来いと云つたが来られぬと云ひます。今夜正子も赤坊が居るから来られず立雄のみが来るのでせう。ホテル夕食後、午後八時四十分の二、三等急行で明日午後二時広島着。拓務省出張所に届け出て、五日午前九時に〇〇の輸送部に集まるのです。マニラ迄八日間かかると云はれます。基隆、高雄に寄るかも知れぬが一切不明です。若し基隆に寄つたら台北に行くし、高雄に寄つたら電報を打つから高雄に来たら如何」

文中の〇〇というのは宇品のことだが、この時期、夫婦間の手紙であっても伏字（ふせじ）にするよう警告が出されていた。

長期の海外出張や、国内にいても家庭不在の期間が長いことなど、これまで何度あったことか。どうして今回だけは晃夫や正子が見送りにこないとか不平をこぼし、台北とやら高雄とやらでちょっとだけでもいいから会いたいなどと、無理なことを書いて寄こすのか、外代樹は何か変だな、と思わされた。

それに同日の別便で、今までそんなことまったくなかったのに、子供たち宛ての絵葉書が送られてきた。

五枚の絵葉書を眺めながら、外代樹は妙なことがあるものだとまた感じた。不吉な予感といえば言い過ぎだが、「お父さん、どうしてなのかしらね。何かあるのかしらね」と問えば、「お父さんからの手紙、初めてだから机の引き出しの中に大事にとっておくよ」

子供たちは何も気にかける様子はない。外代樹も思い直して、「そうだよね、何もあるわけないよね」とみずからの心を鎮めた。

六月一三日に総督府から烏山頭事務所に、大洋丸遭難の報が入り、見知った出張所員の一人が小走りに外代樹に報せをもってやってきた。

「家の人はどうなったかわかっているのですか」

「まだ遭難者の氏名が総督府には伝えられていないんです。もう少し待ってください。わかり次第すぐに連絡にまいりますので」

所員は居住まいの悪そうな顔のまま玄関を出て、また小走りに去っていった。

基隆か高雄で自分に会いたいなどと、八田らしくもない。子供への励ましの手紙だって初めてのことだ。その直後に死ぬはずがないと思う一方、やっぱりあの手紙は不吉な出来事の前兆だったのかもしれないと思い始める。

引き出しにしまってある手紙と子供宛の葉書を読み返す。外代樹は身を焦がしながら、報せを待つものの翌日も翌々日も届かない。仕事をしていてもただ虚ろだった。どうして、どうしてこんな思いをしなければならないのか。ものを食べる気にもなれない。子供には事実がはっきりするまで動揺を与えまいと話すことはしなかった。浩子も玲子も成子も三人でひそひそ話すものの、母親のいつもとは違う姿に気まずいまま口をつぐんでいた。

四日後の六月一七日、八田は湯本、市川とともに殉職したという文書を出張所員がもってきた。

「まことに痛恨のきわみです。出張所長が改めて弔問にまいりますので、私はこれで帰ります。それでは」

そういって玄関を、今度は足早に飛び出していった。

「そんなことあるわけないでしょう。そんなこと」

外代樹は居間におかれている卓袱台（ちゃぶだい）の上に上半身を傾け、台を叩きながら悔しがる。

烏山頭に疎開した妻の最期

日本軍の南方展開の要衝である台湾が、米軍の攻撃の対象にならないはずはない。最後の台湾総督・安藤利吉（りきち）を陸軍大将とする第一〇方面軍が台北に駐屯していた。

昭和一九（一九四四）年一〇月一二日、台北が初めて米軍の空襲を受けたが、それほどの被害は出なかった。いずれ大規模な空襲がやってくるだろうという不吉な予感に、人々は怯えた。昭和二〇（一九四五）年五月三一日に台北は米軍の爆撃機による無差別攻撃を受け、三〇〇〇人ほどの人々が死亡、新竹、高雄、台南も空襲を受けた。

台北の幸町に住んで八田の帰りを待っていた時にも、外代樹はどこか郊外に疎開しなければと考えるようになっていた。疎開先としては、烏山頭しか頭に浮かんでこない。家族が揃って暮らすのはあの烏山頭しかない。烏山頭から台北に移住してもう一五年が経っていた。

八人の子供の養育に追われ、あっという間に歳を重ねてもう四五歳になったが、子供もそれぞれ順調に成長してくれた。

長女の正子は、東京の深尾家に嫁して二人の子供の母親である。それに四女の嘉子が正子の家に寄宿して東京の女学校に通っている。長男の晃夫は東京帝国大学を卒業後、海軍を志願して現在は佐世保鎮守府に勤務中である。次男の泰雄は台北高等学校に在籍中だった。台北の家を出て烏山頭に赴いたのは、三女の浩子、五女の玲子、末っ子の成子と外代樹の四人の女所帯だった。

外代樹にとっては久方ぶりの職員宿舎である。八田がひたすら働きつづけ、ほとんどの子供がこの烏山頭の家で生まれた。職員宿舎は一五年前にここを出て台北に向かった時とまったく変わらぬ姿で佇(たたず)んでいた。

外代樹の帰郷である。数は随分と少なくなっていたが、見知っている人々が集まってくれた。隣家の職員宿舎には八田のかつての部下の赤堀信一が妻と四人の子供ともども住まっている。外代樹には心強いことだった。

外代樹が烏山頭に疎開したのは、昭和二〇年四月、敗戦の直前だった。米軍による本土攻撃がいよいよ激しく、太平洋戦争は日本、沖縄で苛烈をきわめていた。

昭和二〇年八月一五日、ポツダム宣言を受諾して日本は降伏した、と赤堀から伝えられた。

端正な顔に、いつもは穏やかな表情をしているのに、何か差し迫ったような顔を蒼白に引きつらせていた。八月三一日、学徒動員されていた泰雄が終戦とともに動員を解かれ烏山頭に帰ってきた。浩子はたまたま所用で台北に出かけていた。

外代樹、泰雄、玲子、成子の四人で夕食を取った。泰雄は母がいつもならいろいろと近況など聞いてくれるのだが、どうして今夜は無口なのかと気にはなるが、かといって異様なものを感じたわけではなかった。

烏山頭に引っ越して間もない頃、ダムの上を歩きながら、日本が戦争に負けたらここに飛び込んで死にたいといっていたよ、と姉からいわれたことを泰雄はかすかに思い出した。しかし、そんなこと、日本が負けるわけがないよ、といった意味合いのことだろうと泰雄は考えていた。それでも、布団に潜りながら、今夜の母のどことなくぎこちない姿に変だなあという感じはした。いつのまにか寝入っていた。

子供が就寝したことを確かめてから、外代樹は夫の机で何通かの手紙を認めて横になった。自分の体が自分のものではなく、やけに軽くなったように感じられる。体から魂が抜け出て不透明になった自分がダムの上にさまよい出たようだった。夜が明ければ九月一日、二五年前のこの日に嘉南大圳は着工された。

一六歳で八田に嫁ぎ、人生の大半を夫に仕え、夫はあの大仕事を完成させた。子供もこうやってみんなそれぞれの道を歩み始めている。幼子は心配だが、晃夫、正子たちがどうにかやってくれるだろう。

誰かが自分を呼んでいる、手招きしてくれているように思われる。幻想だろうが、それにしてはやけに鮮明である。きっと夫の声だ。そうと寝床を起き出し、家紋のついた正装に着替えて白足袋を履き、モンペをつけ新しい草履に足を載せ家の玄関を出て、足は烏山頭ダムの放水口に向けられた。

雨がざあざあと音を立てている。外代樹には聞こえない。ずぶ濡れになりながら歩いて放水口にたどり着く。放水口脇のコンクリートの上に草履を揃えて手をあわせ、雨で水かさを増した放水路に身を投げ、それきり外代樹の意識は消えた。

早番で放水路の管理にきた職員が、揃えられた草履を発見、もしやと思い村人を呼び寄せた。総出で外代樹を捜したが、わからない。前日の大雨で放水路は濁り、水かさを増していて、探索を繰り返したものの九月二日になってもみつからない。放水口部だけでなく思い当たる放水路の下流に向け捜し求めたが、いない。

九月三日、放水路のバルブを閉め、水路を上流から下流へとくまなく捜していくと放水口から六キロメートル離れた下流部で外代樹の遺体は発見された。

烏山頭には火葬場などない。枯れ木を集めて火を放ち荼毘に付された。

烏山頭ダムの一隅には、八田が烏山頭を去る時に関係者がつくってくれた銅像がある。外代樹は、その銅像の後ろに設えられた小さな御影石の墓の下で八田と一緒に眠っている。

◆第六章

理性と豪気の児玉・後藤政治

後藤を長官に抜擢した児玉の直感力

日清戦争は日本の勝利に終わった。明治二八（一八九五）年四月一七日に日清講和条約（下関条約）が締結され、台湾は日本の統治下に入った。

統治の初期、日本を徹底的に悩ませたのは「土匪」であった。土匪とは土着の匪賊であり、掠奪・暴行集団である。俠客集団があり、盗賊集団があり、村落自衛組織があり、その性格はさまざまだが、日本の台湾統治の初期を困難なものとした一大要因であった。

『日本外交文書』によれば、日清講和条約の批准書交換直前に日清交渉の清国側全権代表の李鴻章は、日本側全権代表の伊藤博文に電報を発出、そこには次のように書かれてあった。

「台湾ニ於テハ各種人民ノ間ニ烈シキ騒動起リ居ルガ故ニ、該島ノ事ヲ再ビ勘考ニ付シ、其ノ整理ヲ為スベキ旨、我皇帝陛下ヨリ委任セラレタリ。右ノ目的ノ為メ、本大臣ハ貴大臣ノ友誼アル協力ニ依頼シ得ベキヤ」

> 台湾においては各種人民の間に激しい騒動が起きており、それゆえ台湾の領有については、日本側が熟慮再検討の上で条約の案文を再調整すべき旨、私は我が皇帝陛下より委任を受けている。この目的のために、私は伊藤大臣からの友好的な協力が得られることを切に願う。

李は日清講和会議の最中に、伊藤との協議中に次のようにも伝えて、日本の台湾領有は実に容易なことではないと主張した。

「台湾総督よりの電報を見るに、既に台湾に於ては、同地の日本に割譲せらるべしとの風説伝布せられ、為に住民の激昂甚しく、激しく彼等は割譲の風説万一にも事実とならば、仮令(たとえ)枕を並べて日兵の殺戮に逢ふも、我々の内一人にても生存する間は、断じて日兵の上陸を得せしめんと断言すると云ふ。余が今之(これ)を閣下に告ぐるは、決して台湾の要求に就(つ)き閣下の意志を動かさしめんとするに非(あら)ず。一個友誼より閣下の参考に資せんと欲するのみ」

李の予言する通りだった。下関で講和条約が締結され台湾割譲が条文化されたものの、前述の通り、日本の台湾統治がこの時期から安定的に開始されたわけではない。台湾領有に台湾住民が協力的ではなく、逆にきわめて反抗的であったがゆえである。条約によって割譲された台湾を、日本は改めて軍事力をもって「征討」しなければならなかったのである。

日本は台湾占領を、急遽、完了すべしとの判断に立ち、大量の兵力を投入した。明治二八

（一八九五）年五月、陸軍大将・樺山資紀を台湾総督とし、北白川宮能久親王指揮下の近衛師団とともに澳底に上陸、基隆を占領、台北に無血入城した。次いで淡水を占領して台湾北部が日本軍の手に落ちた。

日本軍の北部から南部への進駐に台湾住民は激しい抵抗をみせた。これに対抗して日本は乃木希典指揮下の第二師団を投入した。台湾占領に関わった日本軍の総数は、陸軍二個師団約五万人、軍属と車夫二万六〇〇〇人、軍馬九五〇〇頭、当時の陸軍兵力の三分の一以上、連合艦隊の大半の動員であった。「もうひとつの日清戦争」である。

樺山、桂、乃木の三代にわたる総督三年間の最大の課題は、土匪の抵抗をいかに抑え込むかにあった。総督府は武力討伐に全力を注ぐものの、成果は上がらず討伐が逆に土匪勢力抵抗の火を煽って逆効果となることさえ少なくなかった。討伐は殺戮を生み、殺戮された者に連なる血縁、地縁の者が土匪に加勢、土匪の勢力は鎮静化する気配をみせなかった。

討伐の費用は増大、不足する兵員の補充のための本国支出額もうなぎのぼりであった。台湾経営は本国政府の財政負担を増大させるだけに終わり、明治三〇（一八九七）年の帝国議会では、台湾のフランスへの売却が議論されたことさえあった。

第四代の総督として児玉源太郎が登場、台湾統治政策は大きな転換の時期を迎えた。児玉ほど豊かな構想力をもち、着想を迅速に政策化し、政策遂行のために最善の人材を抜

児玉源太郎

後藤新平

擢してことにあたる、そういう多彩な才能と気概をもった指導者は、日本の近代史においてもそうはいない。統治の初期に児玉を総督に得なかったならば、台湾の近代化は惨めな失敗に終わっていた可能性さえあった。児玉は、人も知る軍略に長けた軍人だが、軍政を通して身につけた権威と権力を、台湾統治において存分に発揮した類い希な軍人政治家である。

この児玉の大きな功績は、後藤新平という辣腕の官僚政治家を総督府民政長官として抜擢、台湾に同道させたことであろう。後に述べる後藤の統治思想が児玉に「体化」され、その統治思想が台湾の現場でさらに錬磨されていく、そういうプロセスを二人の行動の中にみることができる。

児玉が後藤という人物を初めて知ったのは、児玉が陸軍次官の時である。日清戦争に勝利・凱旋する日本軍の検疫事業において、後藤がみせた水際だった手腕を児玉が高く買ったのである。

帰還する兵士が持ち込むコレラ、チフス、赤痢などの感染症を上陸前に何としてでも食い止めねばならない。帰還兵を乗せる船は二二七隻、兵員は二三万人以上である。検疫を担当する陸軍次官が児玉であった。

戦争とは敵軍と戦場で干戈（かんか）を交えることであり、これを指揮するのが将軍の任務だと考えられがちである。もちろんそうだが、戦争にはこの戦争を後方で支援する兵站を整備し、帰還兵を検疫するという二つのきわめて重要な行政的任務がある。軍人的資質と行政的資質をあわせもつ軍政家を擁せずして総力戦に勝利することはできない。この仕事をやれる人物は児玉しかいない。

勝利の昂揚を胸に一刻も早く故郷に錦を飾りたい凱旋兵士二三万人余を、検疫所に一定期間とどめおくには途方もないエネルギーがいる。検疫の医療的技術を用い、かつ効率的にこれを施す行政的力量を備えた人物はおらぬか、児玉は四方に目を凝らした。

かつて相馬事件と称されるお家騒動に連座し誣告（ぶこく）罪により入獄するも、後に無罪、牢を放たれ浪々の身となっていたかつての内務省衛生局長・後藤新平に目をつけたのが児玉であった。

一日会うや、この男なら帰還兵二三万人を任せられる、というのが児玉の直感だった。お家騒動で役人の座を追われた後藤は、もう役人などこりごりだといって、児玉の申し越しには逡巡した。しかし、児玉という人物の、これまでみたこともない隠然たる迫力と器量に圧倒され、結局はこれを引き受けることにした。かつての朝敵である仙台藩支藩水沢の出身であり、薩長藩を中心とする明治政府の中にみずからを支える政治的基盤をもたない後藤は、かくして児玉の支援を一身に受けてその才能を発揮する場を得たのである。

検疫に要する費用は陸軍がそのすべてを負担する、検疫のデザインはみずから自由に描け、

似島臨時陸軍検疫所消毒室（後藤新平記念館所蔵）

ただし検疫の期限は明治二八（一八九五）年の七月一日から三カ月以内だと約束させられた。児玉を部長とする臨時陸軍検疫部が立ち上げられ、後藤はその事実上のトップの事務官長となった。後藤の人生を決定づける一大事業が児玉の命により開始された。広島・宇品の沖合の似島、下関南端の彦島、大阪湾に面する桜島の三つの島を選定、似島で一日に五〇〇〇人から六〇〇〇人、彦島と桜島でそれぞれ二五〇〇人から三〇〇〇人の検疫であった。日本ではもとより、世界的にみてもこれほどの規模の検疫事業は初めてのものであった。ドイツ留学時代、ロベルト・コッホ研究所で起居をともにした盟友の北里柴三郎の技術指導により、最新式の蒸気消毒缶を設置、厳正で効率的な検疫体制を敷き、三カ月以内で

検疫を完了させた。検疫で罹患が発覚した者はそれぞれ帰還先の病院で手当てを受け、治療後に故郷へ帰っていった。

真性コレラ、疑似コレラ、腸チフス、赤痢に罹患していた兵士の数は、それぞれ三六九人、三一三人、一二六人、一七九人と記録される。この規模の患者が、検疫もなく全国に散っていたとしたら、事態の深刻さはいかばかりのものだったか。病を癒やすことより予防が重要だと後藤はみていたのである。

須賀川(すかがわ)医学校、愛知県病院、ドイツ留学を経て内務省衛生局長を務め、その間に鍛えられた後藤の腕のみせどころであった。その才能発現の場が児玉によって与えられた。検疫で帰還を阻まれた兵士の中に渦巻く不平と不満の暴発を抑えたのは、児玉の権威であった。

「我が輩の方針は〝無方針〟である」

功により後藤は内務省衛生局長に復した後、台湾に総督として赴任する児玉に同道。児玉が総督に就任したのは明治三一(一八九八)年二月二六日、後藤の民政局長(後に民政長官)就任が三月二日、児玉四六歳、後藤四一歳の春であった。

台湾総督に就任するや児玉は、土匪が跳梁(ちょうりょう)をきわめる地域を中心に、後藤を引き連れ足繁く踏査を繰り返した。言葉少なく、ただじいっと現場を観察するのみであった。土匪の跋扈(ばっこ)する台湾の現場に児玉は深く心を痛めた。

台湾総督として赴任したのだから、就任挨拶と同時に児玉固有の訓示を出さなくてはならない。樺山も桂も乃木もやったではないか。後藤を呼びつけ訓示を起案するよう命じた。後藤の口から出てきた言葉は意外だった。

「総督の方針は〃無方針〃というのがよろしい、と私は考えております」

台湾に古くから存在している慣行（旧慣）を深く考究して、旧慣に見合った政策を採用するのでなければならない。ある地域で育った生物を他の地域に移植しようとしても、それは生物学的に無理なことだ。後藤年来の思想、「生物学の原理」である。児玉なら自分の考えを理解してくれるに違いない。この原理を、統治開始のこの時点で児玉に理解させたい。自分の思想を児玉に伝え、これを児玉の心中に植え込むまたとない機会が今だ、後藤は臍（ほぞ）を固め理路整然、次のように語った。

「閣下、台湾統治の方針は〃生物学の基礎〃の上におかなければなりません。台湾の行政を生物学の基礎の上に築くとすれば、台湾に古くから伝わる風俗や習慣を尊重しなければなりません。かといって、旧慣ばかりに囚われその場を凌ぐというのではありません。旧慣をよくよく調査して、一方では、これをできるだけ尊重し、他方で、改善すべきは徹底して改善すべきであります。そうすれば住民の抵抗は次第に少なくなっていくのではないでしょうか。閣下、是非ともこの方針で参りましょう。私は全身全霊を傾けて閣下にお仕えします」

児玉の眼が急に鋭さを増したようにみえた。核心を一挙に理解してもらえたのだと後藤は直感した。さらにこうつづける。

「閣下のたった一遍の訓示で、役人や台湾の民衆の心を変えることは困難であります。というより、不可能なことなのではないでしょうか。日本による統治の正しさを事実によって証明する以外に方法はありません。そのためには時間が必要だと私は考えます」

児玉の顔には、今度は得心のような表情が浮かぶ。児玉は後藤の〝説教〟もこのあたりで終わりかなと思いきや、後藤の弁舌はなおつづく。

「閣下は台湾の土を掘るためにやってきたのではありません。総督の最も重要な職務は帝国の植民政策の基礎を確立することであります。そのためには児玉総督でなければできない台湾の難題を、閣下の堅牢な鋤(すき)によって掘り起こしてもらわねばなりません。総理大臣をはじめ、内閣や政治家の頭を掘り起こすことが閣下の最も緊要な課題だと私は考えます」

児玉は、ここで質問することもなく、

「わかった」

の一言だった。

児玉の台湾施策についての逡巡は吹っ切れたかのようだった。かねて自分の胸中にあったものが、後藤の〝説教〟によって言語化され鮮明になった、そう一瞬にして思わされたのであろう。後藤の方は児玉の直感的な判断力に粛然たる思いだった。

結局のところ、児玉は就任の形式通りの挨拶はしたものの、訓示としては、

「我が輩の方針は〝無方針〟である」

といい切った。問題は実績だ、実績をみていろ、という気概であった。

樺山、桂、乃木の三代の総督時代は、土匪の征伐に手を焼き、そのために財政支出が嵩んで総督府の財政収支は大きな赤字であった。この赤字は、結局のところ、日本政府の一般会計から補塡されねばならず、台湾は日本にとっての大きな重荷として受け取られていた。台湾売却論が帝国議会で議論を呼んだことは先にも述べた。

土匪との戦いは血みどろであった。樺山、桂の時代は鎮定にすべてのエネルギーを費やし、他の何ごともなし得なかった。第三代総督として乃木が赴任したのは、「三段警備」という特有の戦略により土匪を抑え込むという任務を背負ってのことだった。

三段警備とは、山間僻地など土匪が複雑に割拠する場所に対しては軍隊と憲兵隊を配備、平地と市街地では警察がその治安対策にあたり、その中間の地域には憲兵と警察が協力して対応するという方法であった。

しかし、この方法をもってしても土匪は容易に征伐できず、逆に土匪を再生産する結果に終わっていた。軍隊、憲兵、警察はそれぞれ命令系統が異なり、現場は混乱し、時に互いが反目、衝突事件さえ起こっていた。三段警備の弱点は土匪と「良民」との区別が難しいことにあった。土匪といえども平時は良民と混交して生活しており、土匪のみを識別してこれを制圧することは不可能である。思い余った兵士の行動により、良民が傷つけられ犠牲になったりする事例が頻発、良民の反発を招いて土匪の勢力はかえって増長さえしていた。

武装集団「土匪」をどうさばく

後藤の出番であった。後藤は児玉に「土匪招降策」を進言、その実施により迅速に招降がかなった。この策は、土匪の鎮圧に兵力をもってするのではなく、台湾のそれぞれの居住地に根付いている「自治」の伝統に着目し、広義の警察を中心とする自治機構をもって土匪勢力の主力を良民化するという、いわば「巡撫政策」であった。後藤の発想した台湾での警察は、通常の警察活動のみならず、徴税などの行政活動や子弟への教育活動、さらには地方裁判官としての仕事にも携わり、住民社会の末端の生活に密着した組織として育成された。

土匪は無数に割拠しているかにみえるが、詳しく調査してみれば東部の宜蘭に林火旺など三人、北部の台北近在に陳秋菊など五名、中部に柯鉄など三名、南部に鄭吉成など二名、その他を入れても合計で二〇名くらいの大頭目が注目さるべき存在だということがわかった。この大頭目に注目し、理を諄々と諭す教導に当たれば道は開かれる。

説得に応じて良民へと帰順すれば、税の免除、更生資金や道路工事などへの就業機会を提供するという政策に転じた。この策により大頭目が帰順したことを知ったあまたの中小の土匪は次々と帰順してきた。

宜蘭庁長・西郷菊次郎は、度重なる説得に応じて帰順した土匪を雇用して築堤工事に携わらせ、氾濫を繰り返す宜蘭川の制圧に成功した。この工事は「西郷堤」として台湾に今もその事跡を残している。

土匪招降策の一方で、明治三一（一八九八）年一一月には「匪徒（ひと）刑罰令」を発布し、帰順に最終的に応じない頭目に対しては徹底的な刑罰をもって臨むという両面作戦でもあった。明治三一年から明治三五（一九〇二）年までの間に、台湾人の犠牲者は一万二〇〇〇人に及んだという。

土匪の鎮圧に軍部は大きな力を与えられていた。日清戦争に勝利し、台湾を占領したのは自分たちだという自負が軍人には強く、土匪を招降させ、これを巡撫するという児玉や後藤の方針に軍部が大いなる不満を抱いたことは十分に予想される。軍人と行政官との軋轢は不可避であった。土匪招降策が功を奏するためには、軍部のこの不満を抑えつける必要があった。

台湾総督府民政長官として赴任した後藤は軍部（軍政局）への挨拶のために、陸軍参謀長、台北旅団長、台中旅団長、台南旅団長などの主要メンバーを、淡水川を望む料亭「清涼館」に招待した。

このみずから招いた宴席に、避けられない公務のために後藤は遅れてやってこざるを得なかった。非礼を詫びながら後藤が着席したところで、台中旅団長の松村務本（かねもと）は招かれている者が軍人だけだったという気安さもあってのことか、

「招宴の主が遅参するというのはどういうことか」

嫌味をいって、あたりに緊張を走らせた。

軍人の振る舞いをかねて腹に据えていた後藤は、ついむっとなって返す。

「家で美人の細君の顔をみていて遅れたんだよ」

この言に松村はいきり立つ。

「貴様のような文官に何がわかるか。俺は弾丸雨霰（あめあられ）の中をくぐってきた人間だ。軍人に向かって、何だ、その言い草は！」

後藤は、酔いが回って腰の重い松村の前に立って、

「貴様みたいな旅団長は、兵隊の後ろから〝進め進め〟と指揮しているだけじゃないか。俺は牢の中に入ってきた人間だよ。貴様、牢に入ったことがあるか」

売り言葉に買い言葉だった。後藤は松村の頭を殴りつけ、

「今夜はこれで失礼！」

とだけいって退出してしまった。

帰宅して、〝まずかった〟と反省しきりだったが、取り返しはつかない。翌朝、早起きの児玉が総督邸の庭に出ているところを訪れ、昨夜の顚末を報告した。

児玉は一言、

「それはよかった」

というのみ。

その晩、児玉は総督府に軍首脳部を集め、語気を強めてこう伝えたという。

「文官との軋轢、ましてや格闘などもっての外である。民政のことはすべて民政長官の後藤に任せてある。民政長官のやったことの全責任は私にある。今後は不満があれば、直接、私のところにもってこい。民政長官に注意すべきことがあればすべてこの私がやる」

児玉の後藤に対する揺るぎない信頼の言を聞かされ、さらに児玉の威厳を目の当たりにして、集められた軍人は改めて襟を正させられ、以降、後藤への反発は遠のき、土匪招降策は確かに動き始めたという。

児玉は、明治三一（一八九八）年五月二五日、総督の訓示として次のように語った。

「禍害ニ備ウル機関トシテ、警察及ビ憲兵ノ二種アリ。嘗テ聞ク所ニ依レバ、憲兵ハ警察ニ優レリト。今茲実地ノ情況ヲ観察スルニ、民政上寧ロ警察ノ適任ナルベキヲ知レリ。殊ニ三段警備ノ説ノ如キ、其ノ未治台ニ適切ナル所以ヲ知ル能ハズ。軍部ノ教育ハ固ヨリ憲兵ノ優レルアルベシト雖、禍機ヲ未発ニ禦ギ、其ノ禍ヲ利シテ其ノ福ト化サシムルノ妙味アルハ、警察ノ運用ニ如カザルナリ」

禍害に備える機関には、警察および憲兵の二種類がある。私の聞いたところでは、憲兵の方が警察より優れているという。しかし、現在の実地の状況をよく観察してみれば、民政の上では、むしろ警察の方が適切であると私は考える。特に、三段警備のようなやり方が台湾統治に適切だという理由はない。軍部の教育については、憲兵の方が優れているといわれるが、禍機を未然に防ぎ、災いを転じて福となすには警察を適切に運用する以外にはない。

明治三一年六月三日の「陸海軍幕僚参謀長及ビ各旅団長ニ付スル訓示」において、児玉は、

「予ノ職務ハ台湾ヲ治ムルニ在テ、台湾ヲ征討スルニアラズ」

明確な方針を明示したのである。

台湾に伝わる「保甲」

台湾が清国に組み入れられた頃から、福建省や広東省から大量に移住した人々が「本省人」と呼ばれる漢族である。それ以前から台湾に先住していたマレー・ポリネシア系の人々がいる。福建や広東からの移住者によって平地から山間地へと追いやられた人々である。彼らは日本統治時代の初期には「生蕃」といわれ、後に「高砂族」と呼ばれた。この生蕃も抗い難い存在であった。土匪対策にエネルギーを奪われているうちに、日本人や漢族が無秩序に生蕃伝来の居住地に入り込んで深刻な軋轢を引き起こし、彼らを抗日勢力へと追い込んだのである。

日本は生蕃に対しても、土匪に対するのと同様の威圧的な政策で臨んだものの、結局のところ、ここでも最終的に採用されたものは土匪招降策に準じた懐柔政策であった。狩猟中心の生活から農耕中心の生活へと彼らを導き、警察制度と教育制度を充実させて、土匪と生蕃を含む島内住民のほとんどをやがて総督府に帰順させることに成功した。

児玉と後藤の台湾統治思想は、台湾に古くから伝わる「保甲」と呼ばれる自治的近隣組織を再編、制度化するという方向に実によくあらわれている。住民や自治警察の協力を得て土匪を最終的に封じ込めたのも保甲制度によってであった。保甲条例が出されたのは明治三一（一八九八）年八月であった。

保甲とは一〇戸をもって一甲とし、一〇甲をもって一保とし、それぞれの長として甲長、保正をおき、保甲内の相互監視と連座制を徹底した制度である。戸籍調査、出入者管理、伝染病予防、道路・橋梁建設などがこの制度によって施行された。保甲条例第五条には「保及ビ甲ニハ、匪賊並ビニ水火災ノ警戒防御ノ為ニ壮丁団ヲ置クコトヲ得」とある。壮健な青年男子よりなる「壮丁団」が警察の補助的組織として組成され、それによって台湾の統治初期に悩まされつづけた土匪はほぼ消滅した。保甲は、警察とならんで台湾の地方末端にいたるまで行政をいきわたらせるための制度として復活したのである。

台湾統治の初期、児玉と後藤を徹底的に悩ませたものがまだある。アヘン常習吸引者の取り扱いであった。アヘン吸引者は、当時三〇〇万人といわれた台湾住民のうち一七万人に及んだという。「厳禁政策」をもってすれば吸引者を禁断症状に追いやり、手のつけられない社会的混乱を招くことになる。さりとて放置していてはこれがますます広がり、台湾を健全な社会に復させることはできない。後藤の打った手は、「漸禁政策」であった。

後藤は「台湾阿片令」を出しアヘン専売制度を設けた。アヘン吸引者からアヘンを一挙に取り上げるわけにはいかない。アヘン販売を、指定された特定の仲買人と小売人に限定し、アヘンを常習吸引している者のみにこれを購入させる。「買入通帳」を保持させ、新たな吸引者には通帳は交付しないことにした。「阿片喫煙特許鑑札制度」と呼ばれた。

アヘン価格は旧来に比して高価に設定した。これによりアヘン吸引者は漸減、加えて専売収入の増加にも寄与した。漸禁政策であるがゆえに時間は要したが、明治三〇（一八九七）年に一七万人だったアヘン吸引者は大正六（一九一七）年までに六万人余に減少したと記録される。アヘン政策でその原型をつくられた専売制度は後に食塩、樟脳、煙草、酒類にも援用された。

土匪の制圧にせよアヘン吸引者の漸減にせよ、これに成功したからといってそれ自体は台湾の開発でも近代化でもない。しかし、その成功なくしては台湾の開発と近代化のための「初期条件」は整えられなかったのである。この二つは、開発や近代化それ自体よりもおそらくは困難な課題でもあった。後藤という確固たる統治思想（後述）をもった稀代の官僚政治家が児玉を動かして陽の目をみた政策だといっていい。

後藤は、〝植民政策はビオロギーだ〟というのが口癖だった。ビオロギーとは、バイオロジー、つまり生物学のことである。後藤の台湾統治に関する考え方は、後藤が内務省衛生局長の時代に草した明治三一（一八九八）年の「台湾統治救急案」にすでに明瞭な形をとって現れていた。

> 凡ソ植民経営ノ大体ハ、今日ノ科学進歩ニ於テハ、須ク生物学ノ基礎ニ立タザルベカラズ。生物学ノ基礎トハ何ゾヤ。科学的生活ヲ増進シ、殖産、興業、衛生、教育、交通、警察等、皆此ニ基ヲ開キ、以テ生存競争場裡ニ立チテ、克ク適者生存ノ理ヲ実現スルコト之ナリ。彼レ動物ガ克ク寒暑ヲ凌ギ、飢渇ニ堪ヘ、境遇ニ順応シテ生存スルガ如ク、吾等ハ時ト処トニ随ヒ、克ク諸般ノ困難ニ打勝チ、施設肯綮ヲ得テ、台湾経営ノ上ニ光輝ヲ発揚セザルベカラズ

およそ植民経営の根本は、今日のような科学進歩の時代にあっては、すべて生物学の基礎に立脚するものでなければならない。生物学の基礎とは何かといえば、科学的生活を増進し、殖産、興業、衛生、教育、交通、警察などを基本とし、これらにより生存競争において適者生存

> の理を実現することに他ならない。動物がよく寒暑を凌ぎ、飢渇に耐え、境遇に順応しながら生存しているように、われわれもよく諸般の困難を克服し、諸施設に要所を得て台湾経営に光輝を発揚すべきである。

動物が環境に順応しながら生存しているように、住民の生存環境をよく観察してこれを整える政策を立案・施行しなければならない、という趣旨である。

後藤の台湾の旧慣に対する関心には、驚くべきほどのものがあった。明治三四（一九〇一）年には、総督府内に「臨時台湾旧慣調査会」を設置し、台湾の土地、親族、相続などに関する法制調査のために京都帝国大学の民法学者・岡松参太郎をあたらせ、農・工・商・経済の旧慣調査にはマレー半島でゴムプランテーションを営む愛久澤直哉、その他、裁判官や大蔵官僚などを招聘して実地調査にあたらせた。

後藤思想の源流『国家衛生原理』

児玉と後藤にはやらねばならないことが山のようにあった。統治を委ねられた台湾の、どこに誰がどのような状況で住まっているのか、それぞれの地域に居住する人々の人種、何よりもその数（戸口）自体が把握されていない。「初期条件」自体が不鮮明なままに台湾を統治することはできない。領有の時点でどの程度の土地が台湾に賦存しているのかが不明だった。土地調査と人口調査が不可欠であった。

児玉と後藤の台湾着任が明治三一（一八九八）年の三月。同年の九月より土地調査事業は開始された。大事業であった。

総督府に台湾土地調査局を設置、八〇〇人余を集め、これを数十班に分け、相互の連携を図りつつ、最新の技法を用いて台湾全土を測量調査し、これにもとづき地籍を確定していくという作業である。地籍調査とは、一筆（いっぴつ）ごとの土地の所有者、地番、地目、境界、面積などを確定するための調査である。土地調査事業は、南北縦貫鉄道、基隆・高雄築港事業とならぶ三大事業と称された。

台湾の土地制度は複雑をきわめていた。福建、広東などからの移住者が族群としてそれぞれ異なる時期に台湾に移住し、生蕃を山間地に追いやるとともに族群が相互に所有権を競い合った結果である。

豪族といわれる存在がある。生蕃を山間地に駆逐する過程で権力を握った者たちである。豪族は当初、「墾主」（大租戸（だいそこ））と呼ばれる大土地所有者として君臨した。実際の耕作者には「墾戸」（小租戸）といわれる在村の小地主があたり、彼らが灌漑、施肥などにより生産力の向上を図って力を蓄えた。小租戸は後に小作農に耕作を任せることが一般的となった。土地制度としてこれをみれば、台湾の土地は大租戸と小租戸の二重所有制であった。一方では、小租戸が大租戸に対して「大租」という地税を納めて土地所有者となり、他方では、小租戸は地主として小作農を雇い小作料を受け取るという煩雑なものであった。

大租も小作料も諸地域の旧慣によってまちまちであり、統一的な地税は存在していなかった。税率を均一なものとして確定しなければ、総督府の最初の重要な税源をここに求めることができない。

所有権の不分明な「隠田」が大量に存在していることが測量調査によりわかってきた。総督府の土地調査事業は、後藤みずからが臨時台湾土地調査局長となり一糸乱れぬ組織をもって展開された。

陣頭指揮は、明治二九（一八九六）年に総督府事務官として赴任し、土地調査の準備にかかっていた中村是公が執った。中村は後藤の後を継いで土地調査局長となる。

隠田の発見により、調査開始前には三六万ヘクタールとされていた台湾の全耕地面積は実際には六三万ヘクタールとして確定され、総督府の地税収入も倍増した。総督府は大租戸の権利をすべて買収し、小租戸を独立した土地所有者にするという土地改革にも打って出た。

土地調査事業は徴税基盤の拡大に大いなる貢献をなしたのであるが、そればかりではない。台湾島の全景観、地形、河川、農耕地、水利灌漑地などを含み、後の台湾の発展基盤となるインフラストラクチャー（インフラ）建設のための重要な情報源となった。

土地調査の完成後の明治三八（一九〇五）年には、人口調査が同年一〇月一日を期して全島で一斉に行われた。内地では明治三五（一九〇二）年に国勢調査実施のための法律が帝国議会を通過したものの、これは実現されておらず、台湾において日本史上初ともいえる人口調査が実施された。人口数はもとより、出身地、男女、年齢、家族、職業、住居、言語、アヘン吸引、纏足（てんそく）、弁髪（べんぱつ）など多くの項目にわたる調査がなされ、民情に即した諸政策実施の数字的根拠がここに得られた。

これらの事業は、後藤新平という一代の民政長官の思想に発するものである。後藤の思想の源流に遡り、それがいかなるものであったのかを確認しておこう。

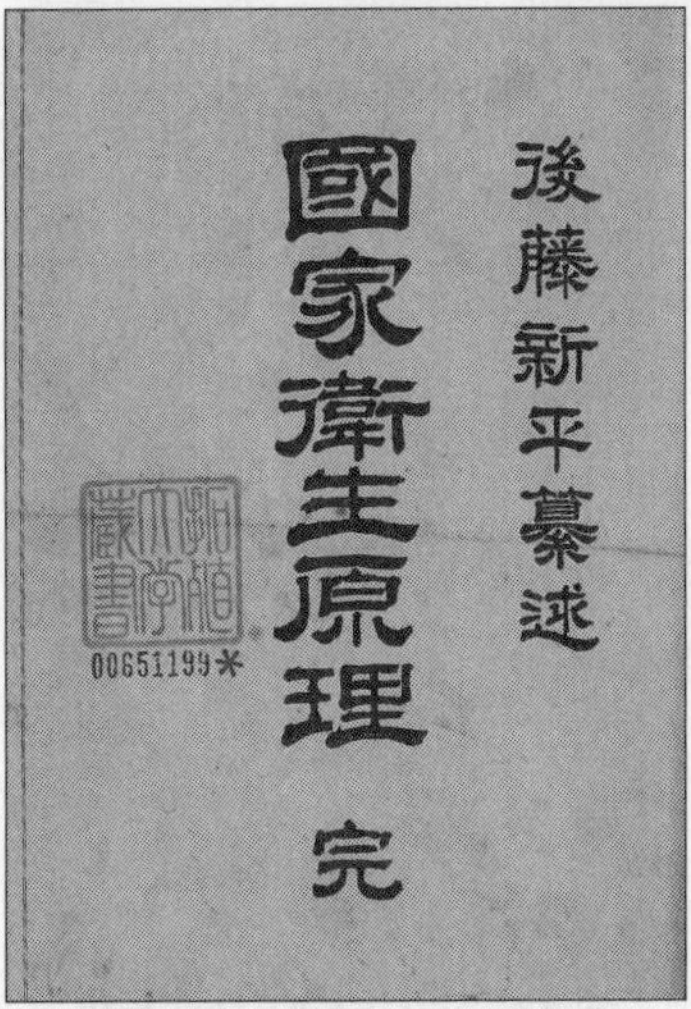

『国家衛生原理』の表紙（拓殖大学所蔵）

後藤新平という人物には、確固たる原理がある。この原理は、後藤が衛生局在職中の明治二二（一八八九）年、三三歳の時に多忙をきわめる中で執筆した『国家衛生原理』に鮮明にあらわれている。後藤は、事前に構想された原理をもって台湾統治に臨み、統治初期の難渋をきわめる台湾の政情を追究し、八年余の民政長官在職中に開発の基盤形成のことごとくに着手、その多くにみるべき成果を残した。あらかじめ設定された原理と構想をもって台湾統治に臨み、なおそれに十全の成果を収めたという事実は、〝思想と現実〟という観点からみて他に類例を見出すことが難しいほどの人物であった。

『国家衛生原理』において後藤がいうところの「衛生」とは、多分に「公衆衛生」、さらにいえば「公共福祉」の意味合いが濃い。医師であり衛生局長でもあった後藤は、衛生を統治のためのシンボリックな概念として訴えたかったのであろう。

台湾の公衆衛生になみなみならぬ意欲をもつ後藤は、民政長官として台湾に赴任するより以前の内務省衛生局長の時代より、アヘン政策とならんで公衆衛生政策にいくつかの重要な提言を試みていた。衛生局長時代に台湾総督府衛生顧問の嘱託となり、提言は総督府の政策に相当の影響を与えていた。

明治二八（一八九五）年六月には、総督府が台北に初の官立医院である台湾病院を設立、翌二九（一八九六）年には、台中、台南にも総督府病院を開設、次第に主要都市に広げていった。同年には総督府が本土から医師を招き、台湾各地の受け持ち地域を確定の上、地域ごとに「公医」をおく制度を発足させた。台湾に猖獗（しょうけつ）するマラリア、ペストなどの防疫にあたる最前線に公医を布陣した。明治三〇（一八九七）年には台湾住民の子弟を医師として養成するための医学講習所を設立した。総督府台北病院は後に台北帝国大学医学部付属病院となる。

後藤の『国家衛生原理』は公衆衛生原理として台湾に導入され、その実現の場をここに得た。

ダーウィンといえば、「種の起源」理論を構築した生物学者として知られる。現在、われわれの眼前にあるさまざまな生物は、長い時間の中で進化をつづけて今日の姿になったという「進化論」の仮説群はダーウィニズムといわれる。ダーウィニズムは一九世紀に勃興した社会諸科学にも強い影響を与え、「生存競争」や「適者生存」という概念が広く導入されるにいたり、ソーシャルダーウィニズム（社会進化論）と称される一つの有力な思想潮流にまでなった。

後藤新平における生物学の原理の基盤となったのも、ソーシャルダーウィニズムである。後藤は『国家衛生原理』においてこう述べる。

> 今ヤ生物世界ニ於テ、生存競争ノ道、須臾モ絶ルコトナク、適者生存ノ理、須臾モ離ル可ラザルノ説ハ、当世ノ諸家挙テ肯許スル所ナリ。故ニ苟モ生ヲ有スルモノハ、競争ノ攻撃ニ抵抗シ若クハ之ヲ剋制シテ、適当ノ給養生殖ヲ営ミ得ルニ非ズンバ、其ノ生存ヲ全クスルコト能ワズ。独人類ニ至テ、何ゾ然ラザルノ理アランヤ。人類モ亦実ニ生物ノ一ナリ

生物界においては、生存競争は瞬時たりとも絶えることはない。適者生存の理から少しでも離れることはできない。この考え方は現在、諸学者の一致して認めるところである。それゆえ、いやしくも生を有するものは、競争という攻撃に抵抗し、その攻撃から身を守り、みずからを適切に養い生殖を図らなければ生存を全うすることはできない。人間だけが例外だなどという理屈はない。人間もまた生物の一種であることになんらの変わりはない。

適者生存の理を究めよ

後藤は、人間をその「生理的円満」をもって人生の目的とする、そういう存在だとみなす。生理的円満とは「心体ノ健全発達ニ満足ナル生活境遇」のことだという。人間が生理的円満を求めるのは、これが人間に内在する「生理的動機」に発するものであるがゆえだともいう。後藤は、精神主義とか善悪正邪といった倫理が人間を支配しているのではなく、人間はただ生理的円満のみを求めて人生を紡ぐ存在だとみなす。生存競争に打ち勝ち、適者として生存することが、すなわち人間の「自然的状態」だと後藤は考える。

しかし、人間がそのような闘争的ともいえる生存競争の中を生き延びるだけのものだとすると、社会的秩序は成り立たない。「万人の万人に対する闘争」の社会では、秩序形成は期しがたい。社会秩序をつくり出すには、秩序を形成する「公共の力」を生み出す必要がある。

公共の力の強制を任務とする者が「主権者」であり、すなわちこれが国家権力だという。社会の統合のためには、「最上権」が必要であり、最上権たる国家権力に服従しなければ社会は成立しない、と主張する。

個人相互の生存競争が社会に破滅をもたらさないためには、理性をもった主権者としての最上権が不可欠であり、これが『国家衛生原理』でいうところの「国家」に他ならない。国家によって社会的秩序をつくり出すことは、これも生理的動機による。なぜならばといって、後藤はこう答える。

国家ノ組織ハ人類ノ生理的動機ニ発シテ、其ノ目的ハ生理的円満ヲ共有セントスルニ在リト云ワバ、其ノ答辞、更ニ簡明ニシテ、精確ナルベシ。何トナレバ、徳義ヲ実行スルモ、畢竟生理的円満ヲ得ンガ為メナリ。国民ノ安寧幸福ヲ進ムルモ、又権利秩序ヲ保護スルモ皆然ルヲ以テナリ

国家組織は人類の生理的動機に由来し、その目的は人間の生理的円満を充足させようというものである。こういえば最も簡明にして正確な答えとなろう。なぜならば、人間が徳義を実行するにしても、これは結局のところ彼が生理的円満を得んがためであり、国家の安寧や幸福の実現を求めるのも、あるいは権利や秩序を保護するのも、皆そのためだからである。

生存競争において適者生存を実現することが、国家、すなわち権力の存在理由に他ならない。台湾の地で実現されねばならないのは、すなわちこのような「生物学の原理」だと後藤は説いてやまない。社会進化論とこれにもとづく権力行使のありようは、後藤にとっては「骨身」のものであった。

しかし、ここが後藤にとってはもう一つ重要なことだが、国家権力は個人や集団の中に古くから伝わる習慣・制度などを無視して一方的に行使されるべきものではない。むしろ、権力が行使される「場」の習慣・制度は、これを十分に尊重し調整し、これらとできるだけ齟齬をきたさないような政策が必要である。そう考えたところに、後藤の思想の練磨のありようをみることができる。

後藤の広く知られている語りに〝鯛の目と比目魚の目〟がある。そこでは、「社会の習慣とか制度とかいうものは、みな相当の理由があって長い間の必要から生まれてきているものだ。その理由も弁えずにむやみに未開国に文明国の文化と制度を実施しようとするのは、文明の逆政というものだ。そういうことをしてはいかん」という。権力の行使の仕方を深く理解していた人物が後藤であった。

土匪招降策、土地調査、旧慣調査のいずれも、すべて「適者生存の理」から導かれた、後藤の融通無碍なる思想の帰結であった。後藤がこのような思想を台湾で実現できたのは、台湾が本土とは異なる独自の「法域」であったからでもある。

台湾は、本土の憲法やさまざまな法律が及ぶところ少なく、帝国議会からも多分に独立した存在であった。「内地延長主義」と呼ばれる本土と同様の制度を台湾に延長すべきだという議論も、特に統治初期においては決して無視できるほどのものではなかったが、結局のところは台湾は「六三法」によって本土とは別の独自の法域となった。

六三法の要は、「台湾総督ハ其(その)管轄区域内ニ法律ノ効力ヲ有スル命令ヲ発スルコトヲ得」である。総督の発する律令(りつれい)と呼ばれる独自の法律が支配する法域が台湾であった。後藤の思想が児玉の思想に「体化」され、後藤は児玉の権威をもってみずからの統治思想を台湾で自在に展開し、その展開に必要不可欠と思われる人材を本土より抜擢してことを処していったのであった。

台湾銀行なくして開発はない

土匪帰順、土地調査事業による徴税基盤の整備などにより、今度は積極的な台湾開発に向かうことになるのだが、そのためには財政資金の捻出が不可欠である。土匪討伐や土地調査事業自体が大変な費用を要し、総督府の財政収支赤字が累増した。

後藤は、当初より台湾銀行を設立し、銀行引き受け、ならびに税収を償還財源とする台湾公債を大規模に募債するのでなければ、縦貫鉄道の敷設や築港はもとより、土地調査事業さえ十分に行えないと考えていた。台湾を本土の財政から自立させたい、日本にも海外領土を経営する力量は十分にあることを列強にもみせつけたい、そういう気概もあったのであろう。

後藤が台湾に赴任して半年後、後に初代の台湾銀行頭取になる、当時の大蔵次官の添田寿一に宛てた手紙にはこうある。

今ヤ現総督着任以来、一方ニ於テハ行政機関ノ組織ニ刷新ヲ加エ、一方ニ於テハ軍隊ノ配置ヲ改メ、官紀ヲ振粛シ、匪賊ノ跳梁ヲ抑エ、茲ニ漸ク新領土経営ノ緒ニ就カントスルニ方リ、商工業者ノ後援トナリテ、其ノ事業ヲ伸長セシムルニ足ルベキ、金融機関ノ設備未ダ成ラザルハ、深ク遺憾トスル所ニシテ、此点ヨリ見ルモ、台湾銀行ノ設立ハ一日モ速ナランコトヲ切望シテ止マザル次第ニ有之候

現総督が着任して以来、一方において行政機関の組織が刷新され、他方において軍隊の配置が改善され、官僚の規律もただされ、匪賊の跳梁も抑えられて、ようやく新領土経営も緒に就こうとしている。この時にあたり、商工業者を後援し、その事業を伸長させるためには、それに応じる金融機関が必要であり、これがなお設立されていないことは深く遺憾とするところである。この点に鑑みて、台湾銀行が一日も早く設立されるよう切望している次第である。

明治三二（一八九九）年六月に台湾銀行が設立され、「台湾事業公債法」も公布された。

台湾銀行本店

明治三九（一九〇六）年度にいたるまで、公債発行は一五回に及んだ。台湾銀行なくして台湾開発はあり得なかったのである。

台湾が本土の財政的負担となってはならない、できるだけ早期に台湾の財政的自立を達成すべきだという考えは、児玉にも後藤にも共通していた。明治三二年、台湾銀行が設立されると同時に、総督府は「財政二十箇年計画」を公表した。「財政二十箇年計画」は、本国からの財政的支援を漸減させ、明治四二（一九〇九）年度以降は自立財政とするというものであった。生産的事業のための公債を起債、明治三七（一九〇四）年度以降は、元本・利子分を差し引いてもなお歳入超過を実現するという野心的な計画であった。

当初は、赤字を覚悟しながらも積極的な殖産興業政策に転じ、できるだけ早期に諸プロジェクトの自律的な経営を促し、もって公債の元本・利子負担に応えていこうとする、文字通りの積極策であった。鉄道建設費、築港工事費、土地調査事業費、官舎新営費、水道事業費、水利灌漑費、林業資源の阿里山開発費などを計上、明治四二年度には公債募集金、明治四四（一九一一）年には国庫補助金をゼロにするという計画であった。

土地調査事業を通じて「隠田」を総督府の直轄地とし、同時に地方税を引き上げこれを画一化して税収の増加が図られた。先にも述べたが、アヘン専売制度の成功モデルにもとづき、食塩、樟脳、煙草、酒類にも専売制度が導入された。紆余曲折を経ながらも、明治四四年度をもって国庫補助の受け取りを終了するという計画はその通りに敢行された。明治四四年度をもって台湾の財政的自立は達成されたのである。この自立は昭和二〇（一九四五）年の日本の敗戦にともなう「台湾放棄」の時期までつづいた。

さらに積極的な財政収入を図らねばならない。児玉、後藤の積極策は台湾糖業の発展にその活路を求めようとしていた。新渡戸稲造の出番だった。

新渡戸稲造を動かした一言

新渡戸がカリフォルニアに転地療養しているところに、農商務大臣の曽禰荒助（そねあらすけ）から台湾総督府勤務を要請する旨の手紙が届いた。この体調では台湾勤務は無理だと考え、要請には応じられない旨を返信した。曽禰の要請はなおつづき、二度目の要請文には、実はこれは児玉と後藤の強い希望にもとづくものだと書かれてある。後藤からも長文の電報が入った。自分の能力を求めている盛岡の同郷の、すでにして独自の統治思想、その行政能力に対する高い評価が定まっていた後藤の要請を無下に断るのは難しい。〝士は己を知る者のために死す〟というフレーズが新渡戸の頭をよぎる。熟慮を重ね台湾赴任を決意した。

新渡戸は台湾赴任のためには、欧州諸国の植民地経営について、特に熱帯農業経営について一層の調査研究が必要であること、そのためには約一年間の猶予を与えてくれるよう願い出た。後藤によって寛容にもその願いが叶えられた。一年間の調査研究の後、帰国。神戸を経て東京に着いた。停車場には出迎えの役人がきていた。後藤がちょうど東京に所用できている、この足で後藤に会いにいってほしいといわれる。

高熱の出るインフルエンザに罹患して伏臥（ふくが）している後藤の私邸へと向かう。明治三四（一九〇一）年の一月、後藤とは初めての面会だった。

新渡戸は、二月二日に総督府技師に任命する旨の辞令を受け、時をおかず台湾に向かった。後藤はすでに総督府に帰っており、極度の多忙の中にいた。新渡戸は五月に総督府殖産課長を命じられ、ここで後藤より「糖業改良意見書」をただちに提出するよう要請された。台湾に赴任してまだ三カ月余、台湾の現状についての自分の知識はまだほんのわずかだ。すでにオランダによって確立されているジャワの製糖業を一カ月ほどでいいから視察させてくれと要請する。後藤は応諾した。

ジャワから帰国するや、後藤はこういう。

「君、すぐに意見書を書いてくれ」

「わずか三週間ばかりジャワ島をみて回っただけです。意見書は台湾島をよく調査してから書きます」

「いや調査は、これ以上しなくていい。むしろ、台湾の実情など知らないうちに書いた方がいい。君が台湾の実情を詳しく調べていると、目が痩せてきて思い切った改良案が出なくなる。ジャワをみてきたその目の乾かないうちに書いておくれ。難しいこともあろうが、高いところからみた、その目で書いてもらいたいんだ」

新渡戸には後藤のこの物言いがぐさりと胸に刺さった。後藤は行政的な「軍略家」として台湾という戦場で戦っているのだ。後藤が求めているのは学者の論文などではない。限られた時間の中で最善の策を絞り出さなくてはならない。新渡戸は改めてそう決意し、意見書の作成に没頭した。

意見書は、後藤を経て児玉に渡された。

軍略家といえば、児玉その人である。新渡戸は総督室に呼び出された。自分の書いた意見書が机上におかれてある。すでに全部に目を通したらしい。軍服に正装して、小柄だが堂とした威風を漂わせている。新渡戸をソファに座らせ、自分は立ったままこう切り出す。

「君の糖業意見書を繰り返し読んだ。私は同一の書類に二度も目を通すことはないが、糖業の成功のいかんは台湾財政自立の鍵である。だから念には念を入れて読んだ。これでいこうじゃないか。何かつけ加えたいことがあったらいいたまえ」

「はあ。しかし、問題はこの意見書通りに実行できるかどうかです。この中には閣下に是非とも読んでいただきたいところがあります」

「フレデリック（フリードリヒ）大王のところではないか」

「はい、その通りであります。大王はプロシアの農政改革のために、時に警察権を用い、時には憲兵隊の力まで借りて厳しく政策を実行しました。糖業を基礎として台湾の財政自立を図ろうとするからには、大王以上の決心が必要だと、閣下、私は考えます。旧守的な農民に改良種を植えさせたり機械を使わせたりすることは容易ではありません。閣下が仮に意見書通りにやれと仰せられても、一兵卒を引き連れることもない技術者の私には何もできません。この意見書でやるのかやらないのか、問題はすべて総督の決心一つにかかっているものと私は考えます」

新渡戸は、必死に食らいつく思いで額に汗を滴（したた）らせていた。

児玉は部屋の中を三回、四回と気忙しく歩きまわりながら、新渡戸の座るソファの前で立ち止まる。

「君、やろう」

明治三五（一九〇二）年六月には臨時台湾糖務局が設置されて新渡戸が局長となり、新渡

品種改良された甘蔗（サトウキビ）　呉明韞著『嘉南大圳建設工程簡介』より

戸の意見書にもとづく諸種の規制・細則が公布され、台湾の糖業は近代化の幕開けとなった。ジャワよりの改良品種の導入、深耕法の採用、肥料増投による集約農業化、水利灌漑施設の建設、開墾奨励などがなされた。台湾の在来の甘蔗（サトウキビ）は単収の低い貧弱なものでしかなかった。しかし、改良品種の無償交付、肥料費用への補助、買いつけ価格の引き上げなどを通じて顕著な発展をみせるようになった。

明治三六（一九〇三）年度から明治四三（一九一〇）年度までの砂糖生産額は、強気の新渡戸の想定をなお上回った。砂糖消費税収入も同様だった。明治三六年頃には二万一〇〇〇ヘクタールであった甘蔗の耕作面積は、大正六（一九一七）年頃の統計をみると実に一二万五七〇〇ヘクタールに拡大している。甘蔗の単収増加、耕地面積の拡大が製糖工場の新設を誘発し、台湾工業化の端緒がこれによって開かれた。台湾初の製糖会社は、明治三三（一九〇〇）年に後藤の説得の結果、三井をはじめとする本土の財閥系企業が大株主になって、台南―高雄間の橋仔頭（きょうしとう）に台湾製糖株式会社として創設され、以後、塩水港精糖株式会社などの会社の設立がつづいた。

後藤の行政手腕

これら諸事業の展開に不可欠なものが縦貫鉄道や基隆・高雄築港事業などのインフラ整備である。いずれも台湾事業公債の発行によって可能となった。

児玉と後藤がまず手にしたかったものは、台湾を南北に結ぶ縦貫鉄道であった。二人の強い要請により早くも明治三二（一八九九）年一一月に台湾総督府鉄道部官制がなり、後藤がその初代長官となってこの事業にあたった。

後藤の行政手腕において際立っているのは、技量と識見において優れ、信用できると踏んだ人物を思い切って抜擢、全幅の信頼をもってその事業を任せるというやり方である。糖業開発における新渡戸稲造、土地調査事業における中村是公などがそうであった。

鉄道建設を任せられたのが長谷川謹介である。長谷川は、天竜川橋梁、北陸線柳ヶ瀬トンネルなどで鉄道技師としての才能が高く評価されたものの、官僚組織の空気に最後まで馴染めず官を辞して無聊（ぶりょう）をかこっていた。そのことを聞き及んだ後藤が長谷川に着目し、この人物に惚れ込んで台湾鉄道部の技師長に抜擢した。

平地には土匪が、山地には生蕃が跳梁し、しかも風土病のはびこる台湾において、基隆から高雄までの縦貫鉄道を建設するという事業は難渋をきわめた。後藤の信任を得た長谷川は、自分が台湾でこの難事業にあたるのは一身のためではない。故郷を同じくする児玉、見識において第一級の官僚政治家・後藤のため、国家の大事業のためだと臍を固めて台湾に赴任した。

後藤は長谷川にこういう。

「予算を獲得するのが自分の仕事である。その予算の範囲内で設計から資材購入にいたるまでのすべては、長谷川君、君に任せる」

資機材購入の困難、暴風雨の襲来、風土病の猖獗、土質不良、人夫不足、便船途絶など幾多の苦境に遭遇、これらを長谷川は不撓の精神と機略によって克服、縦貫鉄道は予定を二年繰り上げ明治四一（一九〇八）年四月に竣工した。全通式が執り行われたのは同年一〇月、後藤が初代南満州鉄道（満鉄）総裁として大連に赴任してしばらく後のことだった。

もう一つの大事業が、基隆ならびに高雄の築港工事であった。台湾という島は、海岸線の出入りが少なく良港を容易にみつけることができない。わずかに入江が深く、開発可能なところは、台湾島北東部の基隆と南西部の高雄のみであった。とはいえ、両港とも風浪が絶えず、港内の水深も浅い。大型船舶の停泊は難しく、数キロメートルの沖合に投錨せざるを得ない。防波堤の構築と港内の浚渫が不可欠であった。二つの港湾を建設し、南北縦貫鉄道をこの港にまで延伸しなければ、台湾の開発はその端緒を見出すことができない。築港は縦貫鉄道、土地調査事業とならぶ三大事業とされた。

基隆港の築港は、明治三二（一八九九）年度の第一期工事に始まり、本格的な事業開始は明治三九（一九〇六）年度から四五（一九一二）年度にわたる七カ年の事業であった。第二期工事を全面的に任されたのが、後藤の信頼に応えんと総督府民政部土木課長となった三〇歳代半ばの長尾半平である。

設計書を児玉と後藤のところに持っていき、必死の説明に二時間を費やした長尾は、総督と民政長官から精細にして理にかなった質問を銃弾のように浴び、懸命に応じた。児玉は同席する後藤を顧み、

「それでよかろう。長尾君に任せることにしようか」

「よろしゅうございます」

「では、それでいってくれ」

ことは一挙に決まり、後はすべて長尾に任せきり、干渉はまったくなかった。意気に感じた長尾はひたすら計画にしたがっての築港を急いだ。

児玉は台湾総督に任じられる一方、明治三三（一九〇〇）年には第四次伊藤内閣の陸軍大臣、明治三六（一九〇三）年には桂内閣の内務大臣、文部大臣を兼務、明治三七年には陸軍大将となる。日露戦争においては満州軍総参謀長となってこの戦争を勝利に導く立役者と

なった。しかし、この間、児玉は変わることなく台湾総督として君臨していた。

児玉は、明治三八（一九〇五）年一二月、大連より凱旋、なお台湾総督の任務をつづけようと決意していた。しかし、翌三九（一九〇六）年七月二三日、日露戦争により精根尽き果てたかのごとく就寝中に静かに天に召された。享年五四。児玉の第四代台湾総督はかくして終わり、新たに陸軍大将の佐久間左馬太が台湾総督に任じられた。

死の前日、児玉は後藤を呼び、次代の夢、満州開発の拠点・満鉄の初代総裁を託した。後藤は児玉の遺志を受けて同年一一月一三日に満鉄総裁となり、台湾総督府民政長官を辞した。「児玉・後藤政治」と呼ばれた日本の台湾統治の基盤形成の時代は、児玉の逝去、後藤の満鉄総裁就任によって幕を閉じた。児玉の台湾総督在任は八年と二カ月、後藤の民政長官在任は八年と八カ月であった。

◆最終章

英米は台湾統治をどうみたか

欧米の代表メディアが絶賛

児玉・後藤による台湾統治の基盤形成の時代をどう評価すべきか。世界が、欧米がこれをどうみていたのか。英紙『タイムズ』（ロンドン）の記事がある。記事は明治三七（一九〇四）年九月二四日付である。まったく同一の記事が翌二五日の米紙『ニューヨーク・タイムズ』にも掲載された。

記者の名前は明記されていないが、みごとな英文とその充実した内容からして、辣腕の特派員記者による精細な台湾観察ならびに米領事館や総督府への頻繁な取材を通じて書かれた記事に違いない。

この記事が二つの欧米の代表的な新聞に、二万字にわたる論説として掲載されたという事実からして、当時の英国や米国において日本の台湾統治がどのように評価されていたかをうかがわせる第一級の資料であろう。

記事の掲載日は、もう一度いえば明治三七年九月である。児玉・後藤政治の最終盤に近い。

日清講和条約（下関条約）により台湾領有が決定されたのが明治二八（一八九五）年四月、児玉が総督として着任したのが明治三一（一八九八）年二月、後藤が民政長官に就任したのが同年六月である。領有から九年五カ月、児玉と後藤の着任から六年と数カ月というわずかな期間で、日本が台湾において何を成し遂げたのか。第三者の評価に耳を傾けてみたい。

論説のタイトルは、「日本人によって劇的な変化を遂げた台湾という島　他の誰もが成し得なかったことを数年で達成した驚くべき成果　他の植民地国家に対する一つの教訓」（SAVAGE ISLAND OF FORMOSA TRANSFORMED BY JAPANESE Wonders Worked in a Few Years with a People That Others Had Failed to Subdue—A Lesson for Other Colonizing Nations）である。以下、全訳。

ロンドン。九月二四日。『タイムズ』は本日、日本による台湾の変革について書かれた一特派員による以下の論説を掲載する。

どんな工芸であれ、その成功のためには、必ずや三つの条件、すなわち天与の才能、周到なる準備、ならびに経験を要する。

植民の方法も例外ではない。ドイツが周到な準備をもって着手したにもかかわらず、天与の才能の欠如によるものか、はたまた経験の不足によるものなのか、いずれかはわからないが、植民地化の試みには失敗してしまった。最初の試みというものは、工芸においても失敗

BY JAPANESE

Wonders Worked in a Few Years With a People That Others Had Failed to Subdue—A Lesson for Other Colonizing Nations.

terrorized
ands, and
ernment.
een done

ach from
largely
ter which
ant pools
sequently
le a sup-

vells that
not avail-
ict alone,
ulation is
been sunk.

arted.

starting
ntroduced
n Formo-
nese, with
there are
tives with
who are
nsforming

with pro-
the na-
ve to For-
. Conse-
r the use
Japanese
r training

n has the
nly school
a regular
d practice
eso origin.
the pres-
are study-
uidance of

serves two
the Japa-
s, and at
tunities to
languages,
t as teach-
or.
al depends

not only on his security, his freedom from tyranny, and on his bodily wellbeing, but also on his prosperity. Consequently Japan has made it her aim to increase the prosperity of her new colony.

Making Network of Railways.

When Japan took over Formosa there were no roads in existence, but strange to say there was a short piece of railway which was almost useless, so badly was it built and so wretchedly was it managed. Railway fares and freights were changed almost daily, and trains were run "when convenient."

Understanding the fundamental requirements of Formosa, the Japanese started methodically upon road making in many parts of the island, and according to a recent report of the United States Consul more than 1,000 miles of road have already been built. At the same time the Japanese Government mapped out a comprehensive scheme of railways, on which it proposes to spend 28,800,000 yen, or almost £3,000,000, an amount which for a country like Japan sounds almost fabulous.

The piece of railway which the Japanese found in existence has already been thoroughly reconstructed, and a new line from Shinchiku to Takao was commenced simultaneously from both termini with the greatest energy. Between 1897 and 1903, 93 miles of railway were laid, 37 stations were built, and 210 freight cars and passenger wagons and 20 engines introduced.

During this period the number of passengers carried has grown fourfold and the quantity of goods transported tenfold. Besides, light railways were introduced, of which 125 miles were laid within a few months. A further 62 miles of light railroads are about to be built.

The post, telegraph, and telephones have also been introduced with the greatest success. Between 1896 and 1902 eighty-seven Post Offices were opened for the public throughout the island, which, in 1902, handled 13,283,103 letters and post cards and 114,770 parcels, and issued 330,207 domestic money orders. The length of telegraph wire has grown from 900 miles in 1896 to 2,000 miles in 1902, and 1,350 miles of telephone wire have been laid, over which in 1902 3,690,228 messages were sent.

The native industries which were carried on in Formosa when the Japanese arrived were pursued in a very unsatisfactory fashion. Scientific cultivation, and even thorough cultivation, of the fruitful ground was unknown; the natives relied chiefly on the bounty of Nature unaided, and though the Formosa farmer did obtain two, and even three, crops of rice in a year, his harvest was not proportionate to his toil and his income was totally inadequate.

Through the improved methods which have been introduced by the Japanese, the production of rice has increased by 10 per cent. between 1896 and 1902. The production of tea has grown fivefold between the same years, and the other agricultural staple products, such as sugar, sweet potatoes, cane, ramie, jute, turmeric, &c., all show a very large increase.

The enormous forests also were insufficiently utilized, and the wastefulness of the natives was such that, for instance, camphor oil was treated as waste by the native refiners, who extracted camphor from the wood. The consequence of the reforms which have been introduced by the Japanese has been that the production of camphor has steadily increased from 1,534,596 kin in 1897 to 3,588,814 kin in 1903, and the output of camphor oil has risen from 635,-603 kin in 1897 to 2,670,501 kin in 1903.

Mining likewise was carried on in the most superficial and improvident fashion, and consequently the maximum of labor yielded but a minimum of result.

By patient tuition and gentle insistence the Japanese have succeeded in introducing improved methods in all industries. The farms yield better harvests, the forests are scientifically exploited, and millions of young camphor trees have been planted in suitable places, and the mining industry has made an enormous progress in the last few years.

Banks and Currency System.

The improvement in trade and industries of Formosa naturally made apparent the need of improved banking organs and an improved currency system. Consequently, the Formosan Bank was established as the central banking organ in the island, and private banking offices were opened in the more important centres.

Post Office savings banks have also been opened, and have had a highly gratifying success. The number of depositors has increased from 5,847 in 1896 to 41,145 in 1902, and the amount deposited from 228,457 yen in 1896 to 763,575 yen in 1902.

The currency of Formosa also had to be reformed. Formosa used to be a country where the medium of exchange was bullion, not coin, exactly as in China, and the bulky copper coinage used to make commercial transactions of any magnitude well-nigh an impossibility. This antediluvian monetary system has now been replaced by the up-to-date monetary system of Japan.

Japan has poured money like water into Formosa. She has established factories for making brown sugar, white sugar, glass, paper, &c.; she has sent out many of her ablest men as administrators, and she will no doubt in due time receive her reward for her enlightened policy.

Only a few years have elapsed since the island has been completely pacified. Nevertheless, the economic ordinary progress which has already been made is very striking. The increased prosperity of the inhabitants may be seen from the fact that the general revenue, which is principally derived from Government works and undertakings, the opium monopoly, customs, and various taxes has expanded from 2,711,822 yen in 1896 to 12,738,557 yen in 1903, having grown almost tenfold.

The ordinary local revenue, which is chiefly composed of taxes on land, houses, businesses, &c., has risen from 747,830 yen in 1898, to 1,932,220 yen in 1902, having almost been trebled in four years. In the collection of the general and local taxes, no undue hardship has been exercised in order to obtain these magnificent results.

It is, therefore, only natural that the population of Formosa has rapidly increased pari passu with the development of its resources. In 1897 the population of Formosa amounted to 2,455,357, but in 1903 it had risen to 3,082,404.

The New York Times
Published: September 25, 1904

『ニューヨーク・タイムズ』一九〇四年九月二五日付

に終わるのが通例であるから、ドイツの不成功も無理のないことなのかもしれない。

それゆえ、日本が台湾という島で試みた最初の実験に、われわれはきわめて大きな関心を寄せねばならない。台湾は、これまで他国のいずれもが手の施しようのなかったほどに多くの困難を抱えていたからである。

台湾は、日本をはじめとするさまざまな国からやってきた無法者にとっての格好の島であった。住民の残酷さや法の無視には著しいものがあった。台湾の一部がいくつかの外国により占領されたことはこれまで何度かあった。しかし、台湾の植民地化にはいずれもが失敗している。スペインとオランダは、台湾の植民地

SAVAGE ISLAND OF FORMOSA TRANSFORMED

LONDON, Sept. 24.—The Times to-day publishes the following article from a correspondent, dealing with Japan's transformation of Formosa: To achieve success in any art three things are necessary—native talent, close application, and experience.

The art of colonizing is no exception to the rule. Hence the Germans have failed in their attempts at colonization, notwithstanding their close application, either from want of native talent or from lack of experience; but most probably the fact that the first attempt in any art is usually a failure has been the cause of Germany's non-success.

For this reason Japan's first attempt at colonizing is particularly interesting, especially as the Island of Formosa, which is Japan's first colony, properly so-called, offers difficulties to a colonizing nation which in the past have appeared insurmountable to many other nations.

The Island of Formosa has ever been a favorite haunt of outlaws from China and from various other countries, and the savageness and unruliness of the population were so great that those parts of the country which were conquered several times were never colonised.

The Spanish and the Dutch made attempts at colonizing Formosa, but they gave it up in despair. The Chinese left the land virtually a wilderness, and the French and English, who might easily enough have acquired it, preferred not to put their foot into the interior of that savage island.

Taming the Wild Natives.

Therefore, when Japan demanded Formosa after the conclusion of the Chinese-Japanese war of 1894-5, China was willing, if not glad, to cede it, and Li Hung-Chang remarked sarcastically that Japan would find the island an exceedingly bad bargain.

When Japan entered Formosa she found the coast at the mercy of pirates. The interior was ruled partly by the savage aborigines, partly by organized bands of outlaws and robbers, who plundered ships wrecked on the coast and murdered the crews who approached the island. While Formosa was in the possession of China trouble with the United States and other countries was frequently caused by these murderous attacks on the crews of foreign ships. China was probably glad to get rid of the unruly island.

The conquest of the island took a year, and on the 31st of March, 1896, it was placed under civil administration. But the former Chinese officers and officials who used to be on duty in the island, and who feared to be deprived of their positions, joined hands with the unruly elements of Formosa, instigated them to revolt against their new rulers, and the country was constantly in a state of restlessness and turmoil up to the end of 1901, when a sweeping movement of the troops rid the island at last of its revolutionary elements.

Leniency in Enforcing Laws.

Though the country has hitherto enjoyed only a few years of complete peace under *Japanese rule*, the appearance of the country and the spirit of its formerly savage inhabitants have already completely changed, and the natives begin to understand the blessings of Japanese rule and to praise it.

The policy by which Japan has achieved this remarkable success has been the following: Japan has, so far as possible, respected the prejudices of the inhabitants, and has tried rather to gently guide than to coerce them on the path of civilization.

For instance, the ancient "Peace Corps," which was established by the Chinese and which protected the inhabitants against the raids of armed banditti, and against fire, floods, and other natural calamities, was maintained, but at the same time the enlightened laws of Japan were introduced. However, while these laws are in the main applied with their full force to the Japanese residing in the island, they are modified in the case of the aboriginal inhabitants whose lack of civilization makes them unable to appreciate at once civilized conditions and the necessity to respect those laws whereby civilization is upheld.

Curing the Opium Habit.

Even the opium habit has in so far been respected that the natives are not punished for consuming opium, though opium smoking and dealing in opium is a crime for which Japanese citizens in Japan and in Formosa as well are punished with penal servitude of varying degrees. But in order to gradually diminish the amount of opium consumed, on the same principle on which a drunkard may gradually be weaned from his drink, the Japanese Government has made the opium trade a monopoly, which it judiciously uses for at the same time permitting and discouraging opium smoking.

Only confirmed smokers are able to obtain opium, and they can secure the drug only under the strictest surveillance. The Government controlling the supply of opium doles it out through licensed agents to licensed smokers, and the police watch with the greatest vigilance that the circle of opium smokers does not get enlarged.

At the same time moral pressure is brought to bear. All doctors have constantly to point out the evils of opium smoking to the grown-up, and all school teachers have to warn the children against the injurious and demoralising effects of the opium habit.

The population of the island amounts at present roughly to 3,000,000 people, of whom in September, 1900, 169,064 were opium smokers. By the end of March, 1903, only 152,044 were registered and licensed as opium smokers, the decrease of 17,020 having been caused by death or by the discontinuance of the opium habit, and this number will no doubt rapidly be further reduced by the wise policy that is being pursued.

It is significant that the opium imported, which represented in 1900 a value of 3,392,602 yen, amounted in 1903 to the value of 1,121,455 yen only. From a revenue point of view the policy restricting the use of opium in Formosa is no doubt unfavorable, for it means to the State a serious loss of income on the one side, and increased expenses for administration and the surveillance of opium smokers on the other side.

While the Japanese Government has in no way tried to hurt the susceptibilities of the natives by meddling with their religion and their customs, it has given them tangible proof of the benefit of Japanese rule by improving in every respect the conditions of the people. In the first place, the
law-abiding toilers are no
and tyrannized over by r
enjoy freedom under a j
In the second place muc
for their bodily welfare.

The country used to s
epidemic diseases, whic
caused by the wretchedly
the natives obtained fron
and contaminated stream
the Japanese set about t
ply of pure water.

The total number of ar
have been bored in Form
able, but in the Taihok
where about one-tenth of
living, more than 800 well

Fine System of Sch

Education being the ba
point of all progress, Japa
her splendid educational s
sa. There are schools for th
60 teachers and 2,000 pupi
130 elementary schools for
a teaching staff of 521 t
educating 18,149 children
them into civilised beings.

However, Japan is not sa
viding elementary educat
tives, for it is her ambitio
mosa the best she has
quently Japan has establis
of the natives a medical sc
language school, and a sc
school teachers.

The medical school in F
grand distinction that it is
in the Far East, which
course of the modern scie
of medicine to students o
It is domiciled in Taihoku,
ent moment about 130 stu
ing medicine there under
competent Japanese profes

The Japanese language s
objects. Its purpose is to
nese language among the
the same time to furnish
the Japanese to learn the
and thus to prepare them
ers and interpreters in the

The happiness of the in

化に乗り出したものの惨めな失敗に終わった。中国は台湾の地をほとんど荒蕪（こうぶ）地（ち）のままに放置した。フランスと英国は台湾を領有する力を十分に擁してはいたものの、台湾島の内部に足を踏み入れようとはしなかった。

中国は無法の島を手放し　ほっとしたか

『ニューヨーク・タイムズ』の翻訳をつづける。

日本は、明治二七～二八年の日清戦争の結果、台湾の割譲を受けた。中国は台湾の日本への割譲を喜びはしなかったものの、割譲を結局はよしとしたのである。

李鴻章は、台湾がとてつもなく劣悪な島

であることに日本は間もなく気づくことになろう、と嘯いたという。

日本は台湾に踏み込んだ後に、その沿海地域が海賊の跳梁する島であることを初めて知ったのである。台湾の内陸部は、漂着した難破船を襲って島に近づく乗員を殺戮する無法者や盗賊などの徒党により支配されていた。

台湾が米国などとの間にしばしば引き起こした軋轢は、大抵が乗組員への残酷な殺害によるものだった。おそらく中国は、この無法の島を手放してかえってほっとしたのではないか。

日本は台湾の征討に一年を要し、明治二九（一八九六）年の三月三一日になってようやく台湾の施政を開始することができた。しかし、台湾の統治を職責としてきた中国の行政官などは、地位を追われることを恐れ、台湾の無法者と結託して日本という新しい支配者に反抗しようとそそのかし、そのために台湾は明治三四（一九〇一）年の終わり頃までは騒擾がしばしば起こる不穏な状態におかれていた。ようやく明治三四年も終わる頃になって、日本軍の掃討作戦によりこの島から反乱的な要素を最終的に排除することができた。

日本の特記すべき成功をもたらした諸政策には、次のようなものがある。何より、日本は住民の慣行を可能な限り尊重し、文明化を強要するのではなく、文明化の方向に彼らを寛容に導くよう努めた。

例えば、住民を武装した悪漢どもから守り、また火災、洪水などの自然災害から住民を救済するために、かつて中国人によって組織された「隘勇（あいゆう）」（自警団）はこれを維持すると同時に日本の優れた法律をも導入した。しかしながら、日本の法律は主として台湾に居住する日本人には適用されたが、先住民に対してはこれを適宜、修正して施行した。文明の欠如のゆえに、文明化された状態がいかなるものなのか、文明化のためにはなぜ法律の尊重が必要なのか、これを理解させることが容易ではなかったからである。

アヘン吸引者を減らす方法

台湾ではアヘン吸引習慣が長らく放置されてきた。アヘンの吸引ならびに取引は、日本人や台湾に住む日本人にとっては罪悪であり、さまざまな刑罰や懲役の対象であった。日本はアヘン吸引者の減少を図るために、大酒飲みの酒癖を矯正するのと同じようなやり方を採用した。取引を政府の専売とし、思慮深くも、専売によって得られた収益をアヘン吸引者数を漸減させるための費用のみに用いた。

認定された者以外は吸引を許さず、吸引者がアヘンを手に入れても彼らはきわめて厳しい監視下におかれた。政府はアヘン供給を統制し、吸引者は特別認可を受けた取引業者からしかこれを購入できないようにした。政府は、アヘン吸引者集団が決して増大することのないよう厳正な警戒態勢を敷いた。

同時に、アヘン吸引者に対しては道義的な圧力を加え、すべての医師が成人の吸引者にはその習癖の悪を説き、学校の教師はアヘン吸引の違法性と非道徳性を生徒に諭した。台湾の人口は当時三〇〇万人ほどだが、アヘン吸引者の数は明治三三（一九〇〇）年九月には一六万九〇六四人であった。明治三五（一九〇二）年三月の終わりまでには、許可を受けた吸引者の数は一五万二〇四四人となった。一万七〇二〇人の減少は、死亡でなければアヘン吸引習慣の中止によってもたらされたものであろう。政府が賢明な政策を追求することにより、この数は一段と急速に減少していくものと思われる。

アヘン輸入額は明治三三年には三三九万二六〇二円であったが、これが明治三六（一九〇三）年には一二万一四五五円へと大幅に減少した。歳入の観点からいえば、吸引者の制限政策は政府にとっては明らかに不利であった。なぜならば、それが一方においては、歳入の深刻な減少をもたらしたからであり、他方においては、アヘン吸引者を政府の行政のもとにおいて彼らを監視するための行政コストを増大させたからである。

日本政府が先住民の宗教や慣習に干渉して、彼らの感情を傷つけたりすることはなかった。住民の生活状況をあらゆる面で改善しようとし、そのためには日本の統治ルールにしたがうことが、彼らにとって明らかな利益であることを立証しつづけた。

第一に、法を遵守する者は、盗賊どもによる暴力や虐待から守られ、住民の福利のためにも努めた。住民には公正な政策のもとでの自由を享受できるようにした。第二に、住民の福利のためにも努めた。台湾は「瘴癘（しょうれい）の地」であり、かつては感染症が広範にはびこっていた。住民の多くは溜池や、汚染された河川から採取された惨めなほど劣悪な水によって冒されていた。そのために日本は上水道の供給施設を建設した。

教育はあらゆる進歩の基礎であり、その起点である。日本は日本の素晴らしい教育制度を台湾に導入した。日本人のための学校には六〇人の教師、二〇〇〇人の生徒がいる。先住民のための小学校は一三〇あり、五二一人の教師が一万八一四九人の生徒を教え、彼らを文明化の道に向けて教化している。

日本は、先住民に初等教育を施すだけでは満足しておらず、野心的にも自国が与え得る最高のものを台湾に与えようとしている。日本は先住民に対し医学校と日本語学校、さらには師範学校までも設立した。

台湾における医学校は、台湾の学生に近代科学と医療方法に関する正規の教育を施す、極東における唯一の学校である。医学校は台北にあって現在一五〇人の学生が優秀な日本の教授たちのもとで医学を学んでいる。

日本語学校は二つの目的を持っている。一つは、日本語を先住民に広げることであるが、もう一つには、日本人に現地語を習得させる機会を与えて、台湾全土で働く教師ならびに通訳を養成することである。

個人の幸福は、安全、専制からの自由、身体的健康によるばかりではなく、繁栄のいかんいる。

にもよる。そのために日本はみずからの新しい植民地においてこれらの目標達成を目指している。

我慢強く寛容な日本人

日本が台湾を領有した時点で、台湾には道路がなかった。奇妙なことだが、鉄道は存在していた。しかし、これは使い物にはならず、粗雑に建設された管理不能な代物であった。鉄道の運賃や運行は毎日のように変更され、〝都合のいい時にだけ〟発着するといった類のものであった。

日本は、台湾島の発展基盤形成にとっての重要性に鑑み、全島の多くの場所を選んで計画的に道路を敷設し、米領事館の最近の報告によれば、一〇〇〇マイル以上の道路がすでに建設済みだという。同時に、日本政府は鉄道網の包括的な建設計画を図面に落とし、日本のような小国にとっては、とてつもない金額である二八八〇万円、すなわちほとんど三〇〇万ポンドを鉄道建設に注ぎ込んだのである。旧鉄道はすでに完全に修復され、その後、新竹と高雄をつなぐ新路線の建設が双方から同時に、熱意を込めて開始されている。明治三〇（一八九七）年から明治三六（一九〇三）年までの間に九五マイルの鉄道が建設され、三七の駅舎が建てられ、二一〇の貨車と客車ならびに機関車が導入された。

その他、軽便鉄道が導入され大成功を収めている。明治二九（一八九六）年から明治三五

(一九〇二)年までの間に、郵便局数は八七に及び、明治三五年には一三二八万五一〇五通の手紙と葉書、一一万四七七九個の小包が届けられ、三三万六二〇七件の国内郵便為替が利用された。通信回線の総延長は明治二九年の九〇〇マイルから、明治三五年には二六〇〇マイルとなり、一三五〇マイルの電話線でつながれた電話が明治三五年には三六九万二二八件も利用可能となった。

日本人が台湾にやってきた時点では、台湾の地場産業はきわめて不十分な状態におかれていた。豊かな土地を、科学的かつ細密に耕作する方法は知られておらず、現地住民を助ける者は誰もいなかった。彼らはただ天の恵みに頼るだけだった。台湾では、米の二期作、三期作さえも可能であった。にもかかわらず、農民の収穫はその労働投入分を超えることはなく、収入はまったく微々たるものであった。

日本人によって導入された耕作方法の改善により、米の収穫量は明治二九年から明治三五年までの間に十数パーセント増加した。茶の生産は同時期に五倍、砂糖、薩摩芋、甘蔗、カラムシ、麻、ウコンなどの生産も急速に伸びた。

台湾の森林資源は膨大なものであったが、その利用はまことに不十分であった。例えば、地元の業者は、樹木から抽出した樟脳を廃棄していた。日本人によって導入された改善策の結果、樟脳生産は明治三〇年の一五三万四五九六斤から明治三六年の三五八万八八一四斤へと著増、樟脳油の生産量も同期間に六三万八六〇三斤から二六七万五六一斤へと増加した。

かつては、鉱業生産も同様に、実に表面的でいい加減な方法に終始しており、そのために労働力を最大限導入しても得られる果実は最小のものでしかなかった。日本人は、我慢強く、寛容な教化によって、すべての産業に改善方法を持ち込んだ。農業ではより多くの収穫が可能となり、森林は科学的に開墾され、数百万の樟（くすのき）の幼木が適地に植樹され、また鉱山業はこの十年のうちに驚異的な進歩を遂げた。

日本統治下の経済成長は「衝撃的」

台湾の貿易と産業の改善は、当然ながら、銀行組織ならびに通貨制度の改善を必要とする。台湾銀行が全島の中央銀行として確立され、民間銀行の事務所が各地方の要所に開設された。郵便貯蓄銀行もまた開設されて満足すべき成果を収めた。貯蓄者数は明治二九（一八九六）年の五八四七人から明治三五（一九〇二）年には四万一一四五人に、貯蓄総額は同期間に二二万八四八七円から七六万三五七五円に増加した。

台湾の通貨も改変された。台湾の住民が交換手段として用いていたのは、中国とまったく同様、硬貨ではなく地金であった。重くて大きな物の商取引をするのに嵩（かさ）の張る銅銭を用いることはほとんど不可能であった。日本は、この使い物にならないシステムを日本の現代的な金融システムへと転換した。

実際、日本は、台湾にお金を湯水のように注ぎ込んだ。日本は、赤砂糖、白糖、ガラス、紙などを生産する工場をつくり、そのために日本は望みうる最高の人材の多くを管理者として台湾に派遣した。そして、この開明的な政策の果実を、日本はいずれの日にか必ずや掌中にするに違いない。

台湾が日本の統治下におかれるようになって以来、たかだか数年しか経過していない。それにもかかわらず、この間に実現された経済成長には実に衝撃的なものがあった。住民の享受する繁栄は、樟脳の専売、政府の諸事業税、さまざまな種類の徴税に由来する政府収入の増加によって可能となった。徴税額は明治三一（一八九八）年の七四万七八五〇円から明治三五年には一九五万二二三〇円へと、四年間で約三倍の増加となった。この一般税収、地方税収の徴収に際しては、これらの額を手にするために日本政府が不正な手段を用いることは一切なかった。

それゆえ、台湾の人口が、台湾の資源開発とともに急速に増加したのはごく自然なことであった。明治三〇（一八九七）年の人口は二四五万五三五七人となり、明治三六（一九〇三）年には三〇八万二四〇四人となったのである。

以上は『ニューヨーク・タイムズ』の全訳である。

台湾中等学校教科書『認識台湾』

それでは、当の台湾の現地住民は、日本の統治時代をどのように受け止めていたのか。そのことを知るためには、中等教育レベルにおいて日本の統治時代がどのように教えられているのか。これをみるに如くはあるまい。李登輝元総統のもとで本格的に進められた政治的民主化の過程で生まれ、一九九七年から台湾全土で使われるようになった中等学校（中学校）の標準的な歴史教科書が『認識台湾』である。

もっとも、この教科書は、二〇〇〇年に登場した陳水扁政権下でのカリキュラム再編により、社会学習領域の一部となって、記述は同じではなくなったが、内容的には『認識台湾』のそれが踏襲されている。この教科書において、日本統治はどのように記されていたのか。

日本統治時代における「社会の変遷」の項目では、（一）人口の激増、（二）纏足、弁髪追放の普遍化、（三）時間厳守観念の養成、（四）遵法精神の確立、（五）近代的衛生観念の確立、の五項目が取り上げられ、「遵法精神の確立」について同書は次のように解説している。

「総督府は警察と保甲制度を用いて有効に社会支配を達成し、犯罪の防止と秩序維持を厳密に行い、民衆が射倖心で法律を犯さないようにした。同時に、学校や社会教育を通じて近代的な法治観念と知識を注入し、秩序と法律を尊重することを学ばせ、それに加えて司法が公正と正義を維持することにより、社会大衆の信頼を獲得した。この影響によって民衆は分に安んじ、規律を守るなどの習慣を養い、遵法精神を確立した」

日本による台湾統治は、経済社会の文明化の観点からみて、欧米列強の支配下におかれていた往時の他の植民地に比べて圧倒的な成功例だといっていい。台湾統治に関わった明治期日本の指導者の高い志操をその中にうかがい知ることができる。日本の台湾統治は列強の植民地支配のような搾取や収奪を目的としたものではない。日本の文明化のモデルの台湾への移植であり、これをもって帝国日本のありようを世界に顕示しようという精神に貫かれていた。

日本の台湾統治がいかなる動機づけをもって実績を残し得たのか。この問にマーク・ピーティーは植民地史研究の傑出した著作において次のように答えているのだが、真実を描き出した記述だと受け取っていい（『植民地―帝国50年の興亡（20世紀の日本）』浅野豊美訳、読売新聞社、平成八年）。

「日本の植民地帝国は、外観では西洋諸国の熱帯植民地をモデルにしていた。しかし、日本の植民地政策の枠組みは帝国形成の前半期につくられたもので、直接ヨーロッパの先例を模倣したというよりも、徳川時代の封建的秩序を打ち破り維新以来の三〇年で成功した日本自身の近

『認識台湾（歴史篇）』の表紙（国立編訳館）

代化の努力をモデルとしていた。もちろん、明治の諸改革は大部分西洋の経験に学んでいたとはいえ、形成途上の日本の植民地主義は、富国強兵―つまりは近代化による改革のすべてを強力で繁栄する日本の建設という目標に結びつけた明治初期の政策理念の総称――を抜きにしては理解できない」

開発途上国の開発に資することは日本の重要な外交課題である。「開発学」の原点を後藤新平たちの開発の思想と構想の中に求め、日本固有の開発学としてこれを錬磨しなければならないと思う。

おわりに――「韓国反日 台湾親日」由来は何か

韓国が反日的である一方、台湾が親日的なのはなぜかと問われることが最近よくある。〝日本が両者と関わるようになった近代史の起点を振り返れば理解できることですよ〟というのが私の答えである。

日清戦争での勝利により清国から割譲された海外領土が台湾である。日本が台湾に足を踏み入れた時点で、この島に住まっていたのは、マレー・ポリネシア系の先住民と対岸の福建・広東から移住してきた言語と習俗の違う族群であり、台湾は典型的な異質社会であった。族群は先住民を山間地に追いやり、相互に耕地と支配権を奪い合う殺伐たる状況下にあった。「分類械闘」といわれる。分類とは原籍を異にする者、械闘とは格闘、闘争のことである。コレラ、ペストなどの熱帯病も蔓延していた。

清国は一六八三年に台湾を福建省台湾府として自国領とした。しかし台湾の開発には関心がなく、天子の徳の及ぶことのない蕃地「化外の地」として放置した。日本が新たに領有することになったこの島には政治も社会統合も不在であった。統治開始のためには、まずは清国兵と現地住民よりなる反日武装勢力、「土匪」と呼ばれるアウトロー集団を排除しなければならない。日本は台湾で「もうひとつの日清戦争」を戦わざるを得なかった。その制圧に成功した日本を待っていたのは、社会の末端を深く冒していた熱帯病と「アヘン禍」であった。台湾は文字通り「難治の島」であった。台湾の開発が軌道に乗り始めたのは、第四代台湾総督・児玉源太郎、民政長官・後藤新平が着任して以降のことである。

台湾には継承すべき歴史や文化は何もなかった。しかし、このことは初期の難題を克服すれば、その後の開発を遮るものはなかったことを意味する。実際、児玉と後藤は自ら描いたデザイン通りに開発を進め、全島の隅々にわたる社会統合を史上初めて実現することができた。以来、第二次大戦での日本の敗北による「台湾放棄」にいたるまでの間に、日本が台湾に根付かせたものが日本の社会秩序と社会規範であった。台湾放棄の後、台湾を占領した国民党の苛烈な政治、三八年に及ぶ戒厳令下で日本時代の社会秩序と社会規範は崩れ去ったかにみえた。しかし、李登輝氏による民主化の時代に入るとともにこれが鮮やかに蘇り、台湾アイデンティティの淵源となった。

対照的に韓国はどうか。日本の統治が朝鮮半島に及ぶ以前の五〇〇年余、朝鮮は李朝（李氏朝鮮）と呼ばれる厳たる王朝国家であった。この時代に支配エリート「両班（ヤンバン）」の中には強い観念「小中華思想」が刻み込まれた。形式上は清国に「事大」するものの、中華の本流は満州族の征服王朝・清朝にではなく、実に「我に在り」と考えられた。中華より中華的なるもの、中華をより純化したものが朝鮮の小中華思想であった。日本は小中華の埒外、朝鮮よりはるかに劣る道徳も正義もない「蛮夷」とみなされた。あろうことか、朝鮮はこの蛮夷日本に併合されたのである。

李氏朝鮮は朱子学を原理とする圧倒的な専制国家であった。妻は夫に従い、子は親に従い、身分の低いものは高いものに従う。この血族道徳が政治道徳となっては、民は王を取り巻く支配エリートに盲従する以外に生きる道はない。血族社会原理が政治統治原理となれば、これはもう一元的専制主義と同義である。この時代の朝鮮には「奪う者と奪われる者」しか存在しなかった。この間、中産階層が生まれることはついぞなかった。ここに身分制の廃止、私有財産の不可侵、契約自由の原則などを持ち込んだのが日本であったが、これらは支配エリートには既得権益の侵害以外の何ものでもなかった。日本統治は彼らには心底受け入れ難いものであった。

大戦敗北により日本が統治を放棄、韓国の「光復（こうふく）」がやってきた。しかし、たかだか三六年の統治により五〇〇年以上もつづいた観念が払拭されるはずもない。現在の韓国の知識人、左派政治家、官僚エリートは、その観念においてまぎれもなく「新しき両班」なのであろう。

統治時代の「対日協力者」が清算されず、独立運動家たちは建国の主役になれなかった。新たな権力者となった李承晩や朴正煕は反共主義者として朝鮮分断の道を歩み、みずからを侵した日本、日本と同盟関係にある米国と手を組んで大韓民国をつくってしまった。これは道義において許し難い。文在寅氏の感覚はそういうものに違いない。反日の旗を降ろすことはみずからの正統性を棄却するに等しいのであろう。エリートたちは韓国は「間違って作られた国」だと考えていると李栄薫先生は指摘する。そうに違いない。「過去史清算」とか「積弊清算」とかいう物言いは、そういう彼らのセンチメントを政治用語化したものなのであろう。

日本は韓国には客観的事実を伝えるだけでいい。他方、台湾にはその親日感情に甘えるのみでいいのか。なすべき外交をなさないでいいはずがない。

本年一月の台湾総統選において、民進党の蔡英文氏が国民党の韓国瑜氏を破り史上最多得票数で勝利した。蔡氏は当選直後、記者会見に臨み「民主の台湾と民衆によって選ばれた政府が脅迫に屈することはない。このことを北京は理解するよう」求めた。

さらに英ＢＢＣ放送でのインタビューでは「われわれは自分たちが独立国家だと宣言する必要はない。われわれはすでに独立国家であり、われわれはみずからを中華民国台湾と呼んでいる」と述べた。

蔡氏の最重要課題は、台湾が直面せざるを得ない拡大する中国の影響圏からどうやって自らの生存空間を確保するかである。きわだった政治的対立軸もなく、日米同盟のもとで安穏な外交環境の中に佇(たたず)んでいる日本では信じ難いような外政上の難題に台湾は苦しんでいる。中国圧力―日本もやがて立ち向かわざるを得ないこの巨大な課題を、現下の台湾は必死に背負って生きているのだと理解しようではないか。

本書は昨年約一年間にわたって月刊『正論』に連載した『小説台湾　明治日本人の群像』をベースに書き改めたものである。ある種のノンフィクションノベルというべきか。日本人の台湾理解に多少とも資することができればと思う。

資料や図版の収集には、拓殖大学役員秘書室の石崎理恵さんの大いなる助力を得た。産経新聞出版の市川雄二さんには、全体の再構成にいたるまで細心の編集に努めていただいた。心から深く感謝している。

令和二年　仲春

渡辺利夫

本書は月刊『正論』平成31年1月号～令和元年11月号に掲載された原稿を基に加筆修正し、再構成しています。一部敬称を略しました。

単行本　令和二年四月　産経新聞出版刊

装　丁　伏見さつき
ＤＴＰ　佐藤敦子
カバー写真提供　金沢ふるさと偉人館、産経新聞社
本文写真提供　断りのないものは著者、産経新聞社

産経NF文庫

台湾を築いた明治の日本人

二〇二一年十一月二十四日　第一刷発行

著　者　渡辺利夫
発行者　皆川豪志

発行・発売　株式会社　潮書房光人新社
〒100-8077　東京都千代田区大手町一-七-二
電話／〇三-六二八一-九八九一(代)
印刷・製本　凸版印刷株式会社
定価はカバーに表示してあります
乱丁・落丁のものはお取りかえ致します。本文は中性紙を使用

ISBN978-4-7698-7041-8　C0195
http://www.kojinsha.co.jp

産経NF文庫の既刊本

台湾に水の奇跡を呼んだ男 鳥居信平 平野久美子

大正時代、台湾の荒地に立ち、緑の農地に変えることを誓って艱難辛苦の工事をやり通した鳥居信平——彼の偉業は一〇〇年の時を超えて日台をつなぐ絆となった。「実に頭の下がる思いがします」と元台湾総統の李登輝氏も賛辞を贈った日本人水利技術者の半生を描く。

定価891円(税込) ISBN978-4-7698-7021-0

全体主義と闘った男 河合栄治郎 湯浅 博

自由の気概をもって生き、右にも左にも怯まなかった日本人がいた！河合は戦前、マルクス主義の痛烈な批判者であり、軍部が台頭すると、ファシズムを果敢に批判。河合人脈は戦後、論壇を牛耳る進歩的文化人と対峙する。安倍首相がSNSで紹介、購入した一冊！。

定価946円(税込) ISBN978-4-7698-7010-4

産経NF文庫の既刊本

韓国でも日本人は立派だった
証言と史料が示す朝鮮統治の偉業

喜多由浩

日本は確かに朝鮮を統治した。だが、近代化のために「良いこと」をたくさんやった。他民族の統治において、日本ほどフェアに一生懸命がんばった国はない。事実を知れば、日本のフェア精神、血と汗と投資に誇りを感じます。私たちは先人の仕事に胸を張っていい！

定価902円（税込）　ISBN978-4-7698-7027-2

旧制高校物語
真のエリートのつくり方

喜多由浩

私利私欲なく公に奉仕する心、寮で培った教養と自治の精神……。中曽根康弘元首相、ノーベル物理学賞受賞の小柴昌俊博士、作家の三浦朱門氏など多くの卒業生たちが旧制高校の神髄を語る。その教育や精神を辿ると、現代の日本が直面する課題を解くヒントが見えてくる。

定価902円（税込）　ISBN978-4-7698-7017-3

産経NF文庫の既刊本

皇位継承でたどる天皇陵

渡部裕明

御陵の変遷には時代の習俗や宗教が深く関わり、皇位継承のあり方もいくつかの事件を契機として大きく変化している。皇位は現代まで、どのようにつながってきたのか、歴代天皇の主な事績は何か、天皇陵の現状はどうなっているのか……。

定価880円(税込)　ISBN978-4-7698-7030-2

来日外国人が驚いた 日本絶賛語録
ザビエルからライシャワーまで

村岡正明

日本人は昔から素晴らしかった！ザビエル、クラーク博士、ライシャワーら、そうそうたる顔ぶれが登場。彼らが来日して驚いたという日本の職人技、自然美、治安の良さ、和風の暮らしなど、文献を基に紹介。日本人の心を誇りと自信で満たす一〇二の歴史証言集。

定価836円(税込)　ISBN978-4-7698-7013-5

産経NF文庫の既刊本

日本人なら知っておきたい英雄 ヤマトタケル

産経新聞取材班

古代天皇時代、九州や東国の反乱者たちを制し、大和への帰還目前に非業の死を遂げた英雄ヤマトタケル。神武天皇から受け継いだ日本の「国固め」に捧げた生涯を南は鹿児島から北は岩手まで、日本各地を巡り、地元の伝承を集め、郷土史家の話に耳を傾けて綴る。

定価891円(税込) ISBN 978-4-7698-7015-9

教科書が教えない 楠木正成

産経新聞取材班

明治の小学生が模範とした人物第一位——天皇の求心力と権威の下で実務に長けた武士が国政を取る「日本」を夢見て、そのために粉骨砕身働いたのが正成という武将だった。戦後、墨塗りされ、教科書から消えた正成。日本が失った「滅私奉公」を発掘する。

定価990円(税込) ISBN 978-4-7698-7014-2

産経NF文庫の既刊本

「令和」を生きる人に知ってほしい日本の「戦後」

皿木喜久

なぜ平成の子供たちに知らせなかったのか……GHQの占領政策、東京裁判、「米国製」憲法、日米安保——これまで戦勝国による歴史観の押しつけから目をそむけてこなかったか。「敗戦国」のくびきから真に解き放たれるために「戦後」を清算、歴史的事実に真正面から向き合う。

定価869円（税込）　ISBN978-4-7698-7012-8

子供たちに伝えたい日本の戦争 1894〜1945年

あのとき なぜ戦ったのか

皿木喜久

あなたは知っていますか？子や孫に教えられますか？日本が戦った本当の理由を。日清、日露、米英との戦い…日本は自国を守るために必死に戦った。自国を貶める史観を離れ、「日本の戦争」を真摯に、公平に見ることが大切です。本書はその一助になる〝教科書〟です。

定価891円（税込）　ISBN978-4-7698-7011-1